四川省高等学校人文社会科学重点研究基地——基层司法能力研究中心
项目"面向司法知识管理和应用体系支撑的智慧法院大脑建设"
（JCSF2022-13）
四川大学"习近平法治思想"专项研究课题"坚持建设德才兼备的高素质
法治工作队伍研究"（2021fzsx04）

司法改革疑难问题

专题研究

李 鑫○著

四川大学出版社

图书在版编目（CIP）数据

司法改革疑难问题专题研究 / 李鑫著 . — 成都：
四川大学出版社，2023.6
ISBN 978-7-5690-2498-2

Ⅰ．①司… Ⅱ．①李… Ⅲ．①司法制度－体制改革－
研究－中国 Ⅳ．① D926

中国版本图书馆 CIP 数据核字（2018）第 242605 号

书　　名：司法改革疑难问题专题研究
　　　　　Sifa Gaige Yinan Wenti Zhuanti Yanjiu
著　　者：李　鑫

选题策划：李思莹
责任编辑：李思莹
责任校对：罗　丹
装帧设计：墨创文化
责任印制：王　炜

出版发行：四川大学出版社有限责任公司
　　　　　地址：成都市一环路南一段 24 号（610065）
　　　　　电话：（028）85408311（发行部）、85400276（总编室）
　　　　　电子邮箱：scupress@vip.163.com
　　　　　网址：https://press.scu.edu.cn
印前制作：四川胜翔数码印务设计有限公司
印刷装订：四川五洲彩印有限责任公司

成品尺寸：170 mm×240 mm
印　　张：10.75
字　　数：214 千字

版　　次：2023 年 6 月 第 1 版
印　　次：2023 年 6 月 第 1 次印刷
定　　价：48.00 元

扫码获取数字资源

四川大学出版社
微信公众号

自　序

　　司法体制和司法制度改革是世界上所有国家都长时间关注、思考和讨论的问题，无论是什么政治体制、什么社会样态的国家，都在积极探索符合自身特点的司法改革方法和实践路径。我国的司法改革无论是顶层设计还是具体实践都极具特色，是一个值得长期关注和研究的领域。

　　从 2016 年毕业留校任教至今，我长期参与四级法院的司法改革试点和信息化建设工作，经历了第四、第五两轮司法改革和智慧法院建设的全过程，既是旁观者，也是参与者。作为旁观者，需要我用学术的视角审视和思考司法改革是什么、为什么的问题；作为参与者，需要我更多地思考怎么办的问题。在这个过程中，我逐渐找到了符合自身定位和能力的研究司法改革问题的方法。我开始尝试将自己在司法改革试点和智慧法院建设中所做的工作用学术方法进行总结，用学术语言进行表达。将学术钻研的精神贯彻于实践工作中，最大的好处在于可以帮助我"跳出实践看实践"，即带着对实践的全面认知但又不囿于实践来思考实践，可以促进我将对司法改革试点工作的思考系统化、层次化。

　　我国司法改革的成绩是有目共睹的，但很多司法改革的措施却存在着实践火热而学术研究冷清的现象，诸如人民法庭建设、法官员额制等，在司法实践中已经取得较好的法律效果、政治效果和社会效果的改革措施，在理论研究中却较少有人关注。造成这种现象的原因有两方面：一方面是司法改革的实践已经超前于相关的研究；另一方面则是对于司法改革的材料收集、数据统计和机理探究存在着较高的研究门槛。幸运的是，我一直身处其中，借助这样近距离观察和亲身参与的优势，希望能够将司法改革中的很多措施总结出来、阐释清楚、分享出去。秉持这样的理念，我开始对工作中的问题进行梳理、归纳和阐释，并在教学中通过开设"中国司法制度"等课程，不断地对相关问题进行讨论，对观点进行打磨，形成了一些初步的成果。为了使之更加系统化，我便产生了将既有研究成果进行整合并出版的想法。

本书由我深度参与各级法院司法改革试点工作形成的若干成果组成，既有对于司法改革方法论的思考，也有对于具体制度改革的总结，还有对于司法改革的历史回顾；既有从理论到实践的应然思考，也有从实践到理论的实然描绘。

本书只是我参与司法改革工作的一个缩影，所关注和展示的也只是我国司法改革的一些局部，尚未结构性地揭示中国司法改革的全部问题和构建理论框架，但我希望通过本书的出版，能对已有工作进行一个初步的总结。我一直深切关注中国的司法实践，希望这本书是一个良好的开端。

李 鑫

2022 年 10 月于四川大学法学院

目　录

国家治理现代化进程中
司法资源分配问题研究[*]

一、论题的由来

    党的十八届三中全会提出：全面深化改革的总目标是完善和发展中国特色社会主义制度，推进国家治理体系和治理能力现代化。其中，将国家治理体系和治理能力现代化设定为新一轮改革的总目标之一是我国国家治理在理论和实践上的一次转折。党的十八届四中全会在对依法治国工作进行具体部署时，又进一步强调通过科学立法、严格执法、公正司法、全民守法，促进国家治理体系和治理能力现代化。本文论题源自对国家治理现代化进程中司法作为一种治理手段的地位和作用是什么、国家治理现代化给司法资源分配带来的挑战和变化有哪些、决定当下司法资源分配的因素有哪些等问题的追问。司法体制本质上是国家政治体制的组成部分之一，而国家治理现代化是包含国家政治体制在内的国家治理体系的全面革新，国家治理现代化对司法资源分配的既有模式和路径都有重塑作用，本文关注的正是这一重塑过程。

---

    * 原刊载于《学术论坛》2015 年第 2 期，此次整理有修订。

二、国家治理现代化进程

依照不同的标准，国家治理体系的构成有所不同。从国际维度来看，各国都在经历现代化过程，衡量一个国家现代化程度的主要指标是政治的开明程度和经济的发展情况；从国内维度来看，我国在不断进行发展转型的过程中，对现代化的目标也在不断调整，国家治理现代化过程主要体现在政府、市场和社会三者之间的权力分配，多种治理手段的共用，以及多元主体的共治方面。依据治理领域的不同，国家治理体系包括经济治理、政治治理、社会治理、文化治理、生态治理、政党治理等①，不同的领域，实现良好治理所需的方式和能力有较大区别，治理的主体不尽相同，治理的目标也不相一致，但相同的是，这些领域的治理要符合国家治理体系的总体目标，满足保障社会发展的基本前提，为我国社会发展做出不同的贡献。依照治理对象的层级不同，国家治理体系包括国家层面的治理、区域治理、地方治理、基层治理等。依照治理手段的不同，国家治理体系包括通过立法的治理、通过行政的治理、通过司法的治理、通过社会自治的治理等。这些治理手段所针对的治理对象和治理领域既有交叉，也有区分。其中，司法是国家提供的纠纷解决的最终方式，其本身是一种复杂的社会活动和社会工程，是具有不可替代性的国家治理手段。

我国国家治理现代化进程呈现出三个特征：第一，时代性。从"四个现代化"目标，到"四位一体"的现代化总体布局，再到如今的国家治理体系现代化，我国的国家治理顺应了社会发展的潮流。第二，自主性。从简单地强调经济发展到注重经济、政治、文化、社会的协调并进，从简单地强调法治的强制性到重视法治建设中公众的自主性，从简单地移植法律到法治的自主性建设和创新型发展。第三，公共性。一方面，国家治理是公共领域公共权力行使的过程，整个过程都体现出公共性的特征；另一方面，国家治理现代化进程是由多元主体共同参与的，体现的是协同合作、适当民主的公共性。

---

① 江必新等：《国家治理现代化——十八届三中全会〈决定〉重大问题研究》，中国法制出版社2014年版，第1页。

三、国家治理现代化进程中的司法资源分配

（一）司法资源的界定

司法资源的内涵十分丰富，从不同角度对司法资源的界定有所不同。在宏观层面，司法资源主要是司法权力资源、司法审判资源、司法执行资源等；在微观层面，司法资源主要是司法人员、资金、物资等。本文讨论的司法资源是宏观层面的司法资源，是国家治理资源体系中的司法资源。宏观层面的司法资源有四个重要的属性：第一，公共性。司法资源是社会公众共有共享的资源，其性质是准公共产品，即由国家提供，社会公众都可能需要，但又不能同时享有和使用的资源。第二，人民性。我国司法资源的阶级属性明确，其取之于民、属于人民、服务人民。第三，救济性。司法是公众解决纠纷、主张权利的最终手段。作为一种定纷止争、界定权利的手段，司法必须保证其时间、物质等成本是所有公众可以接受的，可以选择和利用的。第四，稀缺性。政府提供司法服务的成本是非常高的，司法体系运作也需要高昂的费用，尤其是我国正处于社会转型期，法院受理案件的数量逐年递增，司法服务的供需关系十分紧张，这些因素都导致司法资源成为一种稀缺的社会资源。

司法资源是重要的国家治理资源，国家通过司法资源的分配达到加强司法公正、提高司法效率、促进司法民主的效果。司法资源的分配是国家对司法发展和创新进行反馈的结果，一般情况下都是由社会发展和重要事件推动的。我国司法资源分配的主动权掌握在国家手中，但需要强调的是，国家分配司法资源的依据和标准是社会和公众对司法服务的现实需求。

（二）司法资源配置不当造成的现实问题

司法资源配置不当造成的现实问题主要体现在四个方面：第一，司法权配置不当造成的司法人员腐败和寻租。司法权是配置社会经济资源的重要权力，一旦司法权过于集中或者司法权的行使缺乏必要的监督和制约机制，就会"为司法机构内部人员以权谋私和舞弊，办理'人情案'、'金钱案'、'权力案'提

供了机会和条件"①。第二，公众对司法服务的需求得不到有效满足，司法资源在各类当事人之间的分配不均，导致司法公信力下降，司法公正不能得到全面实现。第三，司法资源配置不合理导致对司法人员激励不足，司法人员流失严重。专业的司法人员是司法资源的核心。与物质资源等不同，具备较好专业素养、较高社会威望的法官、检察官的产生需要经历一个漫长的过程，而缺乏职业保障、职业尊荣感较低、职业晋升空间小等因素都会造成司法工作一线的专业司法人员向其他法律职业流动。第四，司法资源配置不当造成司法资源的浪费或闲置。司法资源在不同级别的法院、检察院，以及在法院、检察院内部的业务部门之间的配置与实际业务量和司法工作的实际需要不匹配，司法活动的整体效率不高，司法活动的成本与收益不相符等，都有可能造成司法资源的浪费或闲置。

（三）国家治理现代化带来的司法资源分配变革

我国新一轮改革进入攻坚阶段，公众对于司法体制改革的关注度越来越高，司法体制改革的基本走向和整体效果关乎人民群众对司法的信心，而司法体制改革中独立行使审判权和检察权、优化司法职权配置、推进严格司法、保障人民群众参与司法、加强对司法活动的监督和制约等关键问题，在本质上都与司法资源分配的权力和模式密切相关。将司法放置在国家治理现代化进程中去系统地、动态地考察，就会发现国家治理现代化给司法资源分配带来的变革主要有以下几方面：

首先，司法资源分配权力的上收。在国家治理现代化进程中探讨司法资源的分配问题对于明确司法资源分配的主体具有十分重要的意义。政府统治与国家治理两种政治模式最本质的区别之一就在于统治的主体只能是政府组织，而治理的主体既可以是政府组织，也可以是非政府组织或个人。在国家治理模式下，具有准公共产品属性的司法资源由国家提供，但其分配的主体既包括国家，也包括社会中的组织和个人。当下，公共产品或准公共产品的分配模式主要有三种：第一种是政府集权体制下的分配，由政府主导；第二种是市场体制下的分配，由经济实力的强弱决定；第三种是由政府指导、市场参与的官民共治模式。司法资源的分配应该采取第三种模式，即政府主导司法资源的宏观分

---

① 顾培东：《再论人民法院内部审判权运行机制的构建》，载《中国法学》2014 年第 5 期，第 288 页。

配，但在司法资源的具体配置上则需考虑社会中各类主体的实际司法需求。司法资源分配权力的上收，旨在加强国家在司法资源分配过程中的主导和指引作用。为了减少司法机构在司法资源分配方面对地方党政机关的依赖，国家将司法资源分配的权力上收，在财和物方面逐步实现省级统管，在司法人员管理上逐步实现与行政人员管理体系的分离。通过地方试点改革原有司法机构设置的模式，探索建立跨行政区域的法院和检察院来处理跨行政区域的疑难案件，避免地方党政的不当干预。需要说明的是，地方党政不当干预司法只是个别现象，我国有些地区的司法改革之所以能够取得较好的效果，就是因为地方财政的支持①。在讨论司法资源分配去地方化问题时，必须注意司法作为地方社会治理的重要手段之一，不可能完全与地方隔绝，也必然会使用地方的某些资源，改革的思路不应该完全将地方党政机关隔绝在司法资源分配的过程之外，而应该将基层司法资源分配的过程科学化、民主化、常规化、规范化，实现对司法资源分配过程的必要监督和制约。

其次，司法资源分配重心的下移。为了保障人民群众参与司法，并通过司法维护人民自身权益，让人民群众在每一个司法案件中都感受到公平正义，国家将司法资源分配的重心下移，更加关注基层司法服务的供给数量和质量，强化基层司法在地方社会治理中的协调和主导作用。国家治理中如何协调中央治理与地方治理是长久以来的实践难题。司法资源分配重心的下移既要解决基层司法资源不足的问题，同时也必须注意司法资源的利用效率问题。司法资源分配重心的下移一方面体现在基层司法资源在司法体系中所占比例的大幅上升，基层司法机构的办公场地、办公设施、人员待遇等有了一定程度的提高，基层司法机构的规模有所扩大，审判力量得到不同程度的加强；另一方面则体现在基层司法资源在使用效率上的提升，基层司法机构通过案件分流、与人民调解委员会等联动办案等方式，促进了司法资源利用效率的提升，进而提高了基层司法资源在整个司法体系中的地位和作用。

再次，司法资源的动态分配模式初步形成。如何应对随时都在变化的公众司法需求是司法资源分配过程中的难题，也是国家在司法资源分配中需要解决的关键性问题。需要特别注意的是，某一区域或某一领域对司法这种纠纷解决资源的需求是随着区域经济和社会的发展而不断变化的。我国正处在社会转型期，这里所说的转型是多领域、多方面的，既有从"熟人社会"向"半熟人社会"或"陌生人社会"的社会交往模式的转型，又有从农业社会向工业和商业

---

① 顾培东：《人民法庭地位与功能的重构》，载《法学研究》2014年第1期，第41页。

社会的产业模式的转型等。这些转型促生了很多新的社会问题和社会矛盾，传统司法资源无论是在数量上还是在质量上，都难以应对新形势下社会公众的权利界定和纠纷解决需要。实际上，社会纠纷解决需求的变化是持续的，司法为了应对这种变化，应该建立一套常规性的司法资源动态分配机制，因地制宜、因时而变地分配司法资源，以更好地回应社会的司法服务需求。党的十八届三中全会提出的探索建立知识产权法院，党的十八届四中全会提出的最高人民法院设立巡回法庭等司法改革措施，其实质就是将原本按照行政区划分配司法资源的模式逐步转变为按照实际需求分配司法资源的模式。

最后，国家治理现代化对司法资源分配模式的重塑有助于提高司法服务和司法产品的质量。国家治理现代化进程中，很多原本属于国家的权力不仅变得多元、复杂，而且这些权力在一定程度上还被分散了，国家已经不再是分配重要资源的唯一中心。但司法资源不同于一般的物质资源或自然资源，因具有公共性、人民性、救济性，国家对其分配的总体规划权并未改变，变化的是地方政府在司法资源配置中具有建议权和参与权。司法资源的分配是在一定的政治秩序框架内完成的。在推进国家治理现代化进程中，国际上很多非政府组织都主张对自然资源和产业进行私有化和自由化，而在司法领域，大都主张在传统的政治体系内部，通过剥夺其他政治主体权力的方式来实现司法资源的重新分配。这种主张并未考虑到发展中国家的实际情况。在谈论国家治理现代化进程时，我们不能幼稚地认为只有政治原则或制度原则发生了变化，实际上社会环境和经济条件起着更大的作用①。当代中国社会正处于十分重要的战略机遇期，司法体制的发展和完善对外关乎国家的形象和威望，对内关乎社会的稳定和繁荣。在我国，司法资源的分配以及其他政法工作都必须在党的领导下有序进行。在司法改革过程中，可以通过司法资源分配模式的改进实现对司法活动的有效激励，提高司法资源的利用效率，进而提高司法服务和司法产品的质量。以司法公开为例，我国近年来的司法公开工作是卓有成效的，但司法公开在克服了司法带给公众的距离感和神秘感、为公众监督司法运作提供有效途径的同时，也使公众不当影响司法的可能性增加。在通过调整司法资源的分配来提高司法服务的质量时，要注意资源投入的边际效应，即在增加资源投入已经不能再增加收益时，就应该停止资源投入的增加，而通过调整资源投入的结构来实现资源的优化利用。

---

① ［法］让-皮埃尔·戈丹：《何谓治理》，钟震宇译，社会科学文献出版社 2010 年版，第 6 页。

四、结语

国家治理现代化进程是一个强化在不同机构之间分配优质资源的有效性的过程。对司法资源实现有效分配有三个重要的特征：其一，公众对司法资源分配行为和过程的可视性、可知性不断提升；其二，司法资源分配的决策更容易被公众所理解和接受；其三，司法资源分配的效果可以通过技术参数进行更加科学化的评估。需要特别强调的是，在国家治理现代化进程中，要注意司法资源分配改革的"稳定过渡"，要注意通过试点摸准公众真实的司法需求，提高司法资源的利用效率，并通过对司法资源分配的调整来实现司法为民，促进司法公正，提升司法公信力，强化司法民主。

实用主义司法方法论：主张、成就及不足[*]

一、研究的目的和意义

司法方法论是法律方法论的分支之一，也是司法哲学和法律哲学的重要组成部分。广义的司法方法论包括对司法领域各种现象解释和研究的方法及司法过程中法官处理具体案件的技巧和方法，而狭义的司法方法论仅指司法方法，即"法官在司法活动中用来解决案件裁判的技巧和手段"[①]。本文所关注的是广义的司法方法论。笔者认为在司法方法论研究中，不能将形而上的对司法领域各种现象的观察和解读与司法实践中的方式方法割裂开，因为司法哲学本质上是一种实践哲学，而司法方法论则是在提炼司法经验、凝聚司法理性的基础上总结出来的。任何一个职业能够形成并实现自治都是以有自己独特的职业方法和职业思维为前提的。司法方法论的生成和成熟是使司法职业与其他职业相区分的重要标志，是司法获得社会尊重、取得独立社会地位的决定性因素。

实用主义司法方法论是遵循实用主义哲学基本思想和理路而产生和发展的司法方法论。实用主义是 19 世纪 70 年代产生于美国的一个现代哲学流派。它吸收了经验传统主义、达尔文进化论、实验心理学、自然科学实验方法，经历

---

  [*] 原刊载于《兰州大学学报（社会科学版）》2014 年第 6 期，此次整理有修订。

[①] 谢晖：《论司法方法的复杂适用》，载《法律科学（西北政法大学学报）》2012 年第 6 期，第 44 页。

了古典实用主义时期和新实用主义时期，现在已经是美国最具影响的哲学流派①。经历了一百多年的发展，实用主义哲学在很多领域都有巨大的影响。在法学领域，实用主义发端于霍姆斯法官的《普通法》。因为此书的出版，美国法学思想发生了一次显著的重新定位：在整合实用主义哲学、社会学法理学和现实主义法学的某些理念的基础上，形成了实用主义法学流派。实用主义法学流派中有很多代表学者和理论，诸如卡多佐的司法哲学、庞德的社会法学理论、弗兰克的法律现实主义、波斯纳的法律经济学等。实用主义法学流派中颇具代表性的研究是对司法过程中各种现象和问题的分析，出现了一大批研究司法哲学、司法原理、司法方法论的学者和著述，如卡多佐的《司法过程的性质》、波斯纳的《法官如何思考》、弗兰克的《初审法院——美国司法中的神话与现实》、夏皮罗的《法院：比较法上和政治学上的分析》等。

选取实用主义这一学术流派的司法方法论进行研究的原因主要有三个：第一，实用主义学术流派较为成熟，具备坚实的哲学基础和多样的思维方法、系统的学术观点和理论体系以及庞大的研究队伍②。第二，实用主义具有强大的影响力。成文法（大陆法系）国家原本并不重视司法方法，认为司法过程是简单、机械的，而法官只是法学家设计、立法者制作的法律机器的操作者③，但近些年受秉承实用主义司法方法论的判例法国家的影响，成文法国家开始重视司法方法论，甚至将其提到了与法条主义同等的地位。第三，实用主义司法方法论是为数不多的在技术和哲学层面看法较为一致的司法方法论。这主要是由于实用主义司法方法论的产生和传承一直处于司法实践和哲学思辨的交缠之中。实用主义的倡导者和理论大家，如霍姆斯、卡多佐等，既具有深厚的理论素养和哲学功底，又具有丰富的司法实践经验，这就使得实用主义司法方法论言之有物，容易被司法领域各类人员所理解，引发司法从业人员的共鸣或批评。可以说，实用主义司法方法论是问题意识非常深厚的，对司法实践具有非常重要意义的司法方法论。

美国当代法学名家，也是现今实用主义法学研究的集大成者萨默斯教授在

---

① 张芝梅：《美国的法律实用主义》，法律出版社 2008 年版，第 13～21 页。

② 陈金钊教授总结的成熟的法学流派所应具备的几个条件：学术传承、特定的研究对象、哲学基础、观点和理论体系、高水平的研究和评论队伍。参见陈金钊：《当代中国法学的流派化志趣（上）》，载《扬州大学学报（人文社会科学版）》2007 年第 2 期，第 16～20 页；陈金钊：《当代中国法学的流派化志趣（下）》，载《扬州大学学报（人文社会科学版）》2007 年第 3 期，第 31～36 页。

③ ［美］约翰·亨利·梅利曼：《大陆法系》，顾培东、禄正平译，法律出版社 2004 年版，第85 页。

阐释方法论研究的重要性时说：方法论问题的处理对于法官和其他法务官员来说是不可回避的。同样，对于律师给出咨询和参与法庭辩论，对于法学教育者，对于论文作者，都是如此[①]。司法方法论是法律方法论中与法律实务联系最为紧密的，同时，科学的裁判方法是实现司法公正的重要保障，是提高法官司法能力的重要手段，是提升司法公信力的重要途径[②]。可以说，研究司法方法论的意义不仅仅是为法官提供裁判的指导，还在于要为理论研究成果和司法实践建立沟通的渠道，实现实务界和理论界的资源共享。

二、实用主义司法方法论的基本主张

几乎在所有对实用主义的研究中，实用主义的概念都是极为开放的。实用主义法学派的领军人物波斯纳法官认为，实用主义"纯粹是指从结果而不是从源流（origin）来考察一个行为，一种原则，一个规则或者一个决定"[③]。本文遵循实用主义的思路，不再苛求对实用主义司法方法论给出一个明确的概念，而是希望通过阐明实用主义司法方法论的一些基本主张来界定实用主义司法方法论。

（一）司法的功能是实现利益

实用主义司法方法论强调包含司法在内的法律系统是实现某种或某几种利益的一个工具，这就是起源于边沁的法律工具论。无论是法律工具论，还是现代实用主义所发展出的公共选择理论和法律人类学的过程理论，都认为现代社会是由很多利益群体构成的，而立法和司法实际上是由那些在竞争中获胜的群体控制的，这些群体可以直接从立法和司法中获利。为了通过司法实现实质性的公平正义，实用主义者并不回避司法对于个别群体利益的考量和关注；而且为了明确司法所力求实现的利益，实用主义者将利益分为社会利益、公共利益

[①] ［美］罗伯特·S. 萨默斯：《美国实用工具主义法学》，柯华庆译，中国法制出版社 2010 年版，第 133 页。

[②] 陈金钊、焦宝乾等：《中国法律方法论研究报告》，北京大学出版社 2012 年版，第 223 页。

[③] ［美］理查德·A. 波斯纳：《法律经济学与法律实用主义》，陈铭宇译，载《北大法律评论》2013 年第 14 卷第 1 辑，第 5 页。

和个人利益①。司法本身并不创造利益，它要做的是发现以上各种利益在获得保障方面的需求，然后将这些利益加以归类，化解或者缓和不同群体或种类的利益冲突，并或多或少在保障社会利益、实现公共利益的前提下，对不同群体或种类的利益或多或少的加以实现。曾任美国联邦法院首席大法官，也是实用主义法学派代表人物的卡多佐法官就说过：对案件所关涉的各种利益的考虑，是法官和律师应当作出的重要选择②。用我们的话说，就是法官和律师要全面考虑案件的法律效果和社会效果。实用主义司法方法论语境中最好的法律、最优的法律政策、最佳的判决是那些在总体上能够带来最优社会效果的。可以说，实用主义司法方法论是以利益实现结果为导向的司法方法论，它要求立法者和司法者要考虑的不仅仅是诉讼当事人个人利益的得失，还要考虑立法规范的有效实施或司法判决的系统性结果，其中包括社会稳定性的维护、判决的可执行性等社会利益或公共利益。

（二）法律不确定性与司法能动主义

对于既有法律规范的认知和判断是司法方法论中非常重要的一部分。实用主义司法方法论对于法律特性的总结和归纳中最具代表性的认识即对法律不确定性来源和表现的研究。"法律的确定性问题从来都是法治实践所面临的难题，从而也是法理学中异见纷呈的论题。"③ 法律不确定性来源于立法的文本和解释方法等方面，在司法实践中体现出来。实用主义司法方法论强调司法最终关心的是结果，因此法官不必严格依照某一法条或先前判例来作出裁判，整个法律体系中的不确定性就呈现出系统性和结构性的特征。在判例法国家中，裁判者在判例稳定性与司法公正之间一直摇摆不定，有人认为法官有义务推翻已有判例的重大错误，也有人认为法律的稳定性和确定性是最重要的④。实用主义者将这种判例法中的不稳定性和不确定性主要归因于社会的变化和司法的回应性，并将其称为"司法能动主义"⑤。顾培东教授将实用主义语境中的司法能

---

① ［美］罗斯科·庞德：《通过法律的社会控制》，沈宗灵译，商务印书馆 2010 年版，第 41 页。
② ［美］本杰明·卡多佐：《司法过程的性质》，苏力译，商务印书馆 2000 年版，第 30～45 页。
③ 顾培东：《当代中国法治话语体系的构建》，载《法学研究》2012 年第 3 期，第 8 页。
④ 相关研究可参见［美］杰罗姆·弗兰克：《初审法院——美国司法中的神话与现实》，赵承寿译，中国政法大学出版社 2007 年版，第 286～292 页。
⑤ 相关研究可参见［美］克里斯托弗·沃尔夫：《司法能动主义——自由的保障还是安全的威胁?》，黄金荣译，中国政法大学出版社 2004 年版，第 51 页。

动主义的特征归结为：把社会目标的实现作为司法的根本追求，充分考量案件所关涉的多种价值、规则及利益，灵便地适用各种方式和方法，法官自为地实施相关裁判行为①。在判例法国家的司法体制中，在法律的确定性与司法的能动性之间寻找良好的均衡状态一直以来是实用主义司法方法论所努力实现的目标。发展至今，实用主义司法方法论认为因案件类型而异选择裁判方法是最合理的：有些案件严格依照既有法律条文或判例；有些案件没有可依照的法律条文或判例，则需依照权威的法律理念或司法方法进行推理；有些案件赋予法官自由裁量权。实用主义者认为依照既有法律条文或判例进行裁判是依法司法，依照权威的法律理念或司法方法推演进行裁判也是依法司法，法官的自由裁量权遵循了指引，并未有损案外人利益，同样算是依法司法②。笔者认为，在判例法国家，因为司法必须承担立法的功能，所以实质上，法律的不确定性与司法的能动性是法律体系不断更新的内在动力，是法律体系回应社会需求的表现。因此，不确定永远不可能被消除也不能被消除，只能通过整体制度体系的稳定性来限制和平衡。

（三）承认政治力量对司法过程的影响

实用主义者眼中的司法并非铁板一块，他们基本都关注到了法外因素尤其是政治力量对于司法过程的影响，而且实用主义司法方法论也强调法官在裁判过程中不应该仅仅局限于法律领域的资源，应该综合与案件有关的各类因素，进行全面考量，形成符合社会经济、政治、文化规律的裁判。总体上看，实用主义司法方法论认为影响司法过程的最主要因素还是主导政治力量。必须承认，实用主义司法方法论盛行的国家一般不会公开承认主导政治力量对司法的影响，而且政治家与立法和行政机构也不能干预司法活动。但是，无论在理论上还是在实践中，主导政治力量对司法的控制和影响是不容置疑的。所谓的司法独立，尤其是司法在政治上的独立，实际上是不存在的或者是在极其有限的意义上存在的。实用主义盛行的国家一般都强调司法制度是政治制度的一个组成部分，大量的研究也都表明"三权分立"以及司法独立只是政治建构中的一种设想，不是真实的实践状态。马丁·夏皮罗就强调：司法独立有违国家主权

---

① 顾培东：《能动司法若干问题研究》，载《中国法学》2010年第4期，第7页。
② 关于依法司法的研究，可参见〔美〕罗斯科·庞德：《法理学（第二卷）》，封丽霞译，法律出版社2007年版，第297~308页。

原则，因为在国家主权范围内是不允许有超越政治权力的独立主体存在的，司法只是国家的附属物，是国家实现社会治理的手段之一①。进一步看，以美国为例，实用主义法学家们认为主导政治力量对司法的控制和影响主要体现在四个方面：第一，严格控制对法官的选任过程。主导政治力量在选择法官人选时，一般都希望，最后也都选择与自己是相同党派，至少是有相同政治主张的人，这种倾向在越高级别司法人员的选任中体现得越明显。第二，主导性的政治意识形态在司法活动中具有深刻影响。司法过程中潜含着政治意识形态的作用，法院的判决与政治意识形态具有不同程度的关联。现今，实用主义司法方法论者已经不再试图粉饰政治力量对司法的控制和影响，而是采取客观的态度，探究政治和司法的关系及其互动模式②。第三，主导政治力量在重大案件的处理中具有统筹、协调的作用。在实用主义司法方法论盛行的国家中，绝大多数的案件法院和法官都可以处理，但在一些影响大、涉及利益范围广的案件中，司法就呈现出其不足，实际主导这些案件处理的是政府的力量，比如"9·11"事件、"华尔街次级贷款危机"、"墨西哥湾漏油"事件等，这些事件虽然部分地进入了司法程序，但背后的处理都是在政府主导下进行的，司法所起的作用或者司法的自主决定性十分有限③。第四，权力机构在司法机关财政等物质保障方面的决策权。弗莱纳在研究美国司法机关的独立性时提到：在美国，每一次涉及州政府的诉讼，都构成对司法机关独立性的一次挑战。形成这种局面的原因主要是州政府、州议会具有对司法预算审议、批准和监督的权力④。政治权力对司法活动的影响是十分巨大的，实用主义司法方法论也承认政治力量与司法系统之间有着紧密联系和频繁互动的现实。实用主义司法方法论早已不会强调司法的独立或权力的分立，而是希冀在实践中能够形成政治力量与司法领域沟通的常态机制，并实现合理、有效的权力制约和权力监督。

---

① ［美］马丁·夏皮罗：《法院：比较法上和政治学上的分析》，张生、李彤译，中国政法大学出版社 2005 年版，第 90 页。

② 相关研究可参见［美］弗兰克·克罗斯：《美国联邦上诉法院的裁判之道》，曹斐译，北京大学出版社 2011 年版，第 11~17 页；［美］杰弗瑞·A. 西格尔、［美］哈罗德·J. 斯皮斯、［美］莎拉·C. 蓓娜莎：《美国司法体系中的最高法院》，刘哲玮、杨微波译，北京大学出版社 2011 年版，第 1~8 页。

③ 相关研究可参见［美］肯尼斯·R. 范伯格：《补偿的正义》，孙伟、许捷、郭超、武文棣译，法律出版社 2013 年版，第 183~185 页。

④ ［瑞士］托马斯·弗莱纳：《司法机关的独立性》，高中译，中国方正出版社 2009 年版，第 55 页。

（四）法官是司法者也是造法者

昂格尔在批判自由主义法治理论中对法官角色的描绘是：自由主义法治理论将法官当作一种非人格化的抽象符号，否认身为法官的个人在场，这种设定否认了法官的文化情节和对某种意识形态的认同，是不切实际的①。实用主义司法方法论力求还原法官的实际面貌，直面法官作为社会中正常一员的缺陷和所受到的各种制约。如前所述，实用主义司法方法论强调司法对于社会变迁的回应，现今的实用主义者已不再一味强调司法独立、法官独立等原则，也承认无论是法官的裁判者身份，还是法官的造法者身份，都受到诸多因素的影响。波斯纳在阐释"法官如何思考"问题时就指出：法官的行为必然会受到司法环境和任职环境的影响，其所作出的判决虽然很少出现某些外部政治力量的直接干预，但一定会体现出法官本人的政治倾向和工作、生活环境对其的影响②。现今，实用主义司法方法论强调必须保证法官相对独立的地位，以保证司法活动的顺利进行，因为"当法官本身缺乏独立地位，并且可能随时受到外来干预时，实用主义的审判不仅不能取得好的社会效果，反而可能沦为法官徇私枉法、谋求私利的借口或'装饰'"③。可见，实用主义司法方法论中给予法官相对独立的地位，是将法官放入具有充分制约和监督的社会环境和制度框架中。

实用主义司法方法论中的法官不仅仅是法律的执行者和案件的裁判者，更是法律的创造者和政策的制定者。实用主义司法方法论中对于法官解释法律、甚至创造法律是持积极态度的，但必须注意的是，实用主义司法方法论同时主张"司法节约"原则④，即除非案件必要，法官应在拟定判决时对法律或生效判例尽可能做到狭义的解释，尽量不作出宪法性判决⑤。法官在解释法律或创造法律时应该尽量不超过他所审理案件的范围，因为案件的事实是将法官的司

---

① ［美］R. M. 昂格尔：《现代社会中的法律》，吴玉章、周汉华译，译林出版社 2008 年版，第 152 页。

② 相关研究可参见 ［美］理查德·波斯纳：《法官如何思考》，苏力译，北京大学出版社 2009 年版，第 117～126 页。

③ 于明：《法条主义、实用主义与制度结构——基于英美的比较》，载《北大法律评论》2013 年第 14 卷第 1 辑，第 25 页。

④ 有关"司法节约"原则的阐释可参见 ［美］亨利·J. 亚伯拉罕：《司法的过程：美国、英国和法国法院评介》，泮伟江、宦盛奎、韩阳译，北京大学出版社 2009 年版，第 437 页。

⑤ 所谓宪法性判决，可理解为涉及宪法、宪法修正案、宪法案例中某种或某几种明确保护的权利的判决。

法者和造法者两个角色联系起来的纽带，法官在案件的审理中一旦发现法律无法解决案件纠纷或对当事人的行为进行定性，抑或法官发现了在先判例存在的问题，法官的造法者模式就会开始运作，开始考虑案件发生的社会环境、影响以及社会公众对案件作出的大致评价，以此获得能够对案件形成判决的经验和知识，这就是最简单的法官造法过程。实用主义者眼中所有发生在法律空白处或因社会变迁导致的法律落后于社会发展的案例，都是为法官造法留出的空间。实用主义司法方法论也强调法官造法是会一直延续的过程，是判例法国家法律体系发展和更新的动力之源。

（五）裁判方法的多元化和复合性

在实用主义司法方法论盛行的国家中，法官可以不进行法律上的论证，就能够得出合理的判决，因为判例法国家的判决不是以合法为前提，而是以合理性作为评判的标准[①]。因此，实用主义裁判方法在实际操作中可不进行法律推理是其首要特征。实用主义司法方法论中裁判方法的多元化和复合性产生的原因主要有三个：其一，实用主义司法方法论盛行的国家更加关注判决结果的合理性，而不是判决结果是否合乎成文法或先例，因此在审判过程中给予了法官较大的空间，法官在选择裁判方法时也有较大自由。实用主义司法方法论中裁决的方法是多种司法裁决方法的综合体，综合了诸如历史分析、系统分析等方法。其二，如前所述，实用主义的案件审判既是司法过程，也是立法过程，这就注定了实用主义审判的裁判方法中既包括司法方法，也包括判例法的立法方法。其三，实用主义法学中法学研究方法的多元化发展产生了包括政策分析、利益衡量、经济分析等适用于不同类型问题的法律分析方法，形成了对实用主义司法方法论不同程度的理论支援。

三、实用主义司法方法论具有较强影响力的原因

实用主义司法方法论在全球范围内都有着较大的影响力，无论是在判例法国家还是在成文法国家，研究者众多，主张向其学习，对其进行移植的法学

---

① ［美］罗伯特·S. 萨默斯：《美国实用工具主义法学》，柯华庆译，中国法制出版社 2010 年版，第 156 页。

家、立法者数不胜数。为什么实用主义司法方法论能够被广泛传播并得到一定程度的承认或赞赏？原因主要有以下几点：

首先，承认并试图突破司法自身的局限性。实用主义法学的创始人之一霍姆斯法官提醒我们要注意法律和司法的"有限性"[①]。实用主义的学者们对于司法功能的有限性的一致认识是：尽管司法是维护社会秩序稳定、推动社会进步的主要工具之一，但它并不能实现人们对于司法功能的所有想象。现如今我们不再奢求司法实现一切的社会理想、解决所有的社会问题，而是寄希望于司法能够弥补其他社会管理、社会控制、国家治理组织或工具的不足。实用主义司法方法论强调司法功能的局限性在于降低了公众和立法者对于司法活动效用的预期。一些人期待法治是万能的，司法总能实现公平正义，因此在司法活动效果不尽理想时，就会把失败简单归因于司法方法论的不足，就会产生对司法的失望之情。实用主义司法方法论明确告诉人们司法的功能和作用是有限的，避免了公众和立法者对司法效果的过高预期。

其次，法官的明星效应。在实用主义司法方法论盛行的普通法国家中，法律体系和司法系统的最初创建、形成和发展基本都是法官的贡献，他们对案件进行逐个推理，建立了普通法的法律体系。相比之下，立法者在法治实现方面的贡献要小于司法者[②]。这就造就了许多影响一国法治发展的伟大司法者。现今，通过对实用主义司法方法论盛行国家的法官群体的观察我们发现，造就"明星法官"的因素主要有四个：其一，知名案例造就明星法官。如前所述，在判例法国家，法官是司法者和造法者双重身份的集合，在疑难案件、重大案件中，法官的作用是十分明显的，是超越成文法和立法者的，可以说，实用主义司法方法论中，司法良好社会效果的实现是比较依赖法官的，而成文法国家的法律实施效果更多地依赖于良好和完善的法律体系。在成文法国家，公众熟知的是作为组织的法院；而在判例法国家，公众更为熟知的是作为审判者的法官，法官获得了充分的社会关注和舆论关注，他们的著作成为畅销书，也有人为他们著书立传，使其获得广泛的影响力。其二，实用主义司法方法论盛行的国家中法官经历的丰富性。与大陆法系法官大多是从学校毕业就直接进入法院不同，实用主义司法方法论盛行的国家中，法官在任职之前都从事过检察官、律师、法学教师等法律职业，积累了丰富的社会经验，对法律实践有一定程度

---

① ［美］奥利弗·温德尔·霍姆斯：《法律之道》，许章润译，载许章润组织编译：《哈佛法律评论：法理学精粹》，法律出版社 2011 年版，第 2～8 页。

② 相关研究可参见［美］约翰·亨利·梅利曼：《大陆法系（第二版）》，顾培东、禄正平译，法律出版社 2004 年版，第 35～38 页。

的了解，这对于增加其在审判中的灵活性有相当大的帮助；另外，丰富的个人经历也使他们更容易被法律领域之外的人所了解和认识。其三，法官在法学理论研究中的巨大贡献，将司法经验总结为成熟的司法技巧，上升为独到的司法哲学，通过学术传承获得了足够的社会声望①。实用主义司法方法论盛行的国家产生了一大批学者型法官，像霍姆斯、卡多佐、波斯纳、布雷耶等，他们立足于司法实践，著述颇丰，甚至开山立派，成为联系实务界和理论界的桥梁，同时也获得了实务界和理论界的普遍关注。其四，法官鲜明的政治意识形态倾向、宗教信仰、种族背景和所处阶层思想取向。实用主义司法方法论盛行的国家的法官在裁判中除了要遵循立法和已有生效判例，还要遵循他们认为合理的知识和经验，而在某些案件中，当立法和已有生效判例出现真空地带或适用中产生冲突时，法官作出裁判的知识和经验就来自于他的政治意识形态倾向、宗教信仰、种族背景和所处阶层思想取向。法官所坚持的必然是社会中某一群体所信仰和坚持的，因此必然会得到社会中某一群体的支持。

再次，造就了很多引起广泛关注的知名案例。司法方法论会影响案件裁判的结果，同样可以决定案件审判的过程。实用主义司法方法论为法官展示个人风格和法治主张留有相对较大的空间，这就使得实用主义司法方法论盛行的国家产生了很多轰动一时的知名案例。这些案例中既有跌宕起伏的审判过程，又引起了社会的广泛关注，媒体也进行了大量的报道，案件审判中各类专家、证人轮番登场，法官在案件判决中会进行大量的说理，这些因素都使得运用实用主义司法方法论的审判中产生了很多知名的案例。例如，发生在 2000 年美国总统大选中的布什诉戈尔案就被波斯纳法官定义为一场典型的实用主义审判，因为决定此案的不是某个具体的法律条文或先例，而是实用主义所强调的所谓民主合法性②。像这样涉及巨大政治利益的，名人明星受审的案件，都通过实用主义的审判被塑造成了有着巨大影响的案例，这些案例又反过来使得实用主义司法方法论闻名于世。

最后，以美国为首的实用主义司法方法论盛行的国家不遗余力的宣传和输出。不可否认的是，在当今发达国家中，我们找不出哪一个法律体系没有借鉴

---

① 相关研究可参见［美］理查德・A. 波斯纳：《卡多佐：声望的研究》，张海峰、胡建锋译，中国检察出版社 2010 年版，第 72 页。

② 相关研究可参见［美］理查德・A. 波斯纳：《法律、实用主义与民主》，凌斌、李国庆译，中国政法大学出版社 2005 年版，第 375～413 页。

其他国家的法律①。这些借鉴当中,对于司法方法论的借鉴是非常重要的一个部分,而且这种法律领域的借鉴和移植有些并不是主动的,而是被迫或者在不明真相的情况下接受的。实用主义司法方法论盛行的美国就是这样一个法治资源输出强国,实用主义法学派和实用主义司法方法论在世界范围内的风靡得益于美国在法律体系建设、司法改革、法学教育方面对其他国家的输出。姑且不论美国法律输出的政治目的和利益企图②,这种输出最起码使得实用主义的法律思想和司法方法得以传播并产生了广泛的影响。另外,在美国文化的对外输出中,对于美国法治建设、司法文明的宣扬也是非常多的,一大批与法庭审判相关的文学作品、影视作品在世界范围内传播,其中精彩的法庭辩论、或俊朗或靓丽的法官形象,都使得不了解美国司法真实运作情况的人们对于美国、对于实用主义司法方法产生了非常多美好的想象。

四、实用主义司法方法论的局限与不足

在实用主义法学派诞生至今的一百多年中,实用主义司法方法论一直受到不间断的、猛烈的攻击。这一方面说明实用主义司法方法论的优点和缺陷确实都十分明显,很多东西是颇受非议的;另一方面也说明实用主义司法方法论确实有着顽强的生命力,虽广受批评,却可以通过不断的自我更新和发展而屹立不倒。总体来说,实用主义司法方法论被诟病最多的局限与不足主要有以下几点:

第一,实用主义司法方法论最大的局限与不足,当然也是它最大的理论特征之一,就是其理论构建中过多地考虑了满足司法的工具性和目的性,因此,实用主义者并未给出司法过程中公正、权利等概念一个科学的、明确的界定。值得肯定的是,实用主义司法方法论让公众认识到法律和司法并没有想象中或某些人描述中那般神圣,法律和司法实实在在的就在我们身边,法律和司法就是实现社会控制的手段和工具。但同时,实用主义者由于对法律工具属性的强调,将司法视为一种强调目的性的技术,这也在一定程度上忽略了法律和司法

---

① [美]图加·毛尔科维奇:《输出法律改革:它能成功吗?》,彭小龙译,载[意]简玛利亚·阿雅尼、魏磊杰:《转型时期的法律变革与法律文化——后苏联国家法律移植的审视》,魏磊杰、彭小龙译,清华大学出版社 2011 年版,第 2 页。

② 相关研究可参见[英]博温托·迪·苏萨·桑托斯:《迈向新法律常识——法律、全球化和解放(第二版)》,刘坤轮、叶传星译,中国人民大学出版社 2009 年版,第 413~420 页。

的规范性。

第二，回到实用主义法学与自然法之间最根本的争论，即经验与逻辑在法律中哪个更重要。因为霍姆斯法官的名言"法律的生命不在于逻辑，而在于经验"一直以来都被实用主义者当成反对形式主义最有利的武器，也被某些过激的实用主义者当成拒绝进行法律论证和理论研究最好的借口，但实际上对逻辑的反感很多时候会导致反理性主义或反智主义，而实用主义对历史分析方法的轻视又导致实用主义在很多情境中是反历史、反权威的[1]，这些因素都可能使实用主义司法方法论对待逻辑推理和理论研究的态度有时看起来是非常极端和偏激的。霍姆斯法官的另一句话是"我们关于法律的理论不是太多、而是太少"[2]。实用主义司法方法论并非与理论绝缘，它反对的是绝对抽象化和一般化的理论，它排斥的是学理化、学术化的法律发展路线，它希望在法学领域扮演的是"搅局者"的角色，通过实践证明某些纯粹法学理论的荒谬。

第三，秉承实用主义司法方法论的人对于纯粹的理论研究不感兴趣，他们致力于通过亲身参与法律实践发现法律的样态（这导致在进入法律发达时期之前，欧洲大陆伟大法学家的数量要远远超过美国[3]），而且他们坚信既存状态的合理性，因此基本不会主动寻求大面积的改革，这导致一直以来实用主义者都认为遵循先例要比遵守成文法更具合理性。其实，先例和成文法一样，都存在不能适应社会发展和新型案件的风险，判例法在这点上并不比成文法更具优势，只不过在判例法国家，遵循先例可以使法律体系更具确定性，司法更具效率。可见，必须要警惕实用主义司法方法论对于先例作用和功能的夸大[4]。

第四，实用主义司法方法论要取得良好的司法效果所依赖的要素较多。实用主义司法方法论要想获得良好的司法效果依赖于内、外两种因素：外部因素是良好的社会法律氛围和公共法治氛围，实用主义司法方法论的多样性要求社会公众对于司法和法官要有充分的信任；内部因素则是要有高素质的法官，与成文法国家依靠集体智慧作出裁判不同，判例法国家的裁决基本依靠法官，所以法官的素质决定了司法的最终效果。实用主义司法方法论中的法官不必受现

---

[1] 相关研究可参见［美］R. 罗蒂：《作为反权威的实用主义》，刘叶涛译，载［美］苏珊·哈克：《意义、真理与行动——实用主义经典文选》，东方出版社 2007 年版，第 646～662 页。

[2] ［美］小奥利弗·温德尔·霍姆斯：《法律的道路》，载［美］小奥利弗·温德尔·霍姆斯：《霍姆斯读本——论文与公共演讲选集》，刘思达译，上海三联书店 2009 年版，第 39 页。

[3] 相关结论可在以下材料中得到证明：［英］约翰·麦克唐奈、［英］爱德华·曼森：《世界上伟大的法学家》，何勤华、屈文生、陈融等译，上海人民出版社 2013 年版，第 469～478 页。

[4] 相关研究可参见［英］P. S. 阿蒂亚：《英国法中的实用主义与理论》，刘承韪、刘毅译，清华大学出版社 2008 年版，第 81 页。

有原则和先例的约束，他们只需作出他们认为有最佳效果的判决即可。实用主义法官必须考察所有可能与案件相关联的法律材料和论点，而不是简单地作出回应；否则就是无法无天，而不是实用主义进路①。这不仅对法官的智识有很高的要求，还要求法官必须是十分勤勉的。

五、我们该如何看待实用主义司法方法论

从历史的经验来看，一国的司法系统在建立初期一般都倾向于形式主义，采取保守的司法理念和风格。波斯纳法官也指出："由职业化的司法部门（a career judiciary）实施的法典体制相比于英语国家由公开选任的司法人员（lateral-entry judiciary）实施的普通法体制，更不适合于采纳法律实用主义方法。法典限制了司法裁量权，而职业司法人员意味着法官缺乏实际经验，以致在作出符合实用主义的决策方面能力有限。"② 立足我国的现实国情，我国肯定不适宜完全移植实用主义司法方法论。焦宝乾教授曾指出："跟法律是被移植进来的一样，法律方法论研究很大程度上也是受到国外法学知识的影响。"③ 不得不承认，本文对于实用主义司法方法论的研究也是如此。前述对于实用主义司法方法论的描述和分析，目的在于说明，对于从西方传入的这些司法方法，我们不能盲目地相信。在看待实用主义司法方法论时，要把握四个区分开：一是把实用主义司法方法论盛行国家的历史与现在的情况区分开。"司法独立""法官独立"等实用主义司法原则形成时的西方社会的政治条件和社会关系比较简单，真正对司法机关独立性形成考验的事件并不多。但到了现代，西方社会的政治环境、社会关系越来越复杂，特别是政治和法律的关系早已纠缠不清；司法的独立性越来越弱，实用主义司法方法论也早已承认政治力量等因素对司法的影响。二是把实用主义司法方法论盛行国家的理想与现实区分开。不可否认，实用主义所倡导的民主是西方社会的一种政治理想，但理想与现实距离很大，美国等秉承实用主义司法方法论的国家也需要直面司法实践中出现的各类问题，并不断寻求变革。三是把实用主义司法方法论盛行国家的法

---

① 苗金春：《语境与工具：解读实用主义法学的进路》，山东人民出版社 2004 年版，第 262 页。

② ［美］理查德·A. 波斯纳：《法律经济学与法律实用主义》，陈铭宇译，载《北大法律评论》2013 年第 14 卷第 1 辑，第 7 页。

③ 焦宝乾：《对我国法律方法论研究的宏观反思——背景、问题及展望》，载《法制与社会发展》2010 年第 4 期，第 116 页。

治宣传和输出与其实践区分开。长期以来，西方国家在法治宣传和输出及其实践上保持着两套标准。就美国而言，法治宣传和输出的是自由主义司法方法论，但实际运用的是实用主义司法方法论。四是把经济发展水平与司法制度先进与否区分开。在我国，部分学者主张移植西方法律、引入实用主义司法方法的一个重要原因在于，他们认为西方国家经济较为发达，因此法律制度和司法方法也是先进的、科学的，我们就应该效仿和学习。这种认识和主张在逻辑上肯定是存在问题的，一个国家法律制度的好坏要看法律实施的效果，而一个国家司法方法的优劣则要看司法方法是否能够满足公众解决纠纷、维护权利的诉求，能否实现公正、高效司法。

目前来看，虽然我国司法改革开展得如火如荼，法官的独立地位逐步确立，法官职业化进程稳步推进，司法责任制效果明显，但中国特色社会主义司法的司法方法论理论内涵以及理论与实践的联系问题还没有得到充分的重视和研究，我国司法的司法理念有哪些、司法裁判的方法有哪些还没有完全明确。从这个意义上讲，实用主义司法方法论为我们提供了丰富的理论和实践样本。希望本文的研究可以为实用主义司法方法论描绘一个大致轮廓，为中国特色社会主义司法方法论的构建做出一点微薄的贡献。

司法认同的形成逻辑及强化机制研究[*]

一、论题的由来

在经历了四轮司法改革后，我国的司法系统逐步成型，司法系统的内部改革和调校已经颇见成效，司法改革走入深化和攻坚阶段。在司法改革历程中，顶层设计中不仅在具体改革措施层面有许多系统性、持续性的改革方案推出，在司法理念方面也出现了许多具有中国特色、符合中国实际、可以指导中国司法改革宏观方向的策略和理念，诸如司法公正、司法为民、司法公开等。但进一步看，司法改革在关注司法与外部关系方面最重要的探索与努力则是促使我国当代司法认同的形成和强化。无论是法治宣传中越来越多群众共同认可的"有矛盾找法院"，还是习近平总书记提出的"努力让人民群众在每一个司法案件中都感受到公平正义"，都不仅是在倡导和传达正确、理性的法治理念和纠纷解决观念，也是在着力通过法治与司法知识的传播和宣扬，提升司法权威，促进全社会司法认同的形成。

"司法认同是社会对司法基于价值认可而形成的心理归属感。"[①] 无论是司法在我国国家治理体系和纠纷解决系统中核心地位的确立，还是公众对于法院权威、法院地位和功能的全面认知和认可，都说明我国司法认同已经初步形

---

[*] 原刊载于《长春大学学报（社会科学版）》2017年第4期，此次整理有修订。

[①] 吴英姿：《论司法认同：危机与重建》，载《中国法学》，2016年第3期，第186页。

成。法院受理案件数量的逐年增加、法院权威的逐步树立、法官群体形象的渐渐清晰，都在一定程度上说明我国司法认同正在逐步强化。对于司法认同这种带有意识形态因素、文化因素、制度因素等的价值和理念层面的观念，其形成机制是什么，形成后阻碍其发展和加强的主要因素有哪些，如何通过司法认同的形成和强化促进法治建设和法治共识的发展，是本文重点关注和探讨的问题。

二、司法认同的形成机制及其影响

（一）司法认同形成的意识形态基础

司法认同形成的一个重要的意识形态因素是社会各界对于司法所力求实现的最重要目标——司法正义和司法公正的内涵已经达成了共识，即司法认同的形成有了充分的正义观基础。不同国家，处于社会转型和法治发展的不同阶段，其所追求和秉持的正义观是有很大差别的。社会各界能够对司法的功能和作用产生一定的共识基础，为社会认同的形成奠定了一定的意识形态基础，而其中最重要的就是社会各阶层对于司法所追求和实现的正义的内涵有了较大程度的共识。法治追求的正义目标会在法治体系内部分化，立法、司法、执法等具体法治行为所分享或追求的正义目标的内涵有所不同。立法所反映的正义观是占大多数或统治地位的公众所秉持的。正如波斯纳法官所言：公平的司法减少了用法律剥削易受伤害群体的可能性。它使得这些群体的成员能够利用已成规则偶尔赋予他们一些好处；并且经过考察规则对于刚好属于该规则之内的所有人的代价，它在易受伤害者与受该规则打击的其他人之间可能构建一个联盟①。在立法层面，有些阶层或群体关于正义的分歧在一定程度上来说是难以调和的。而司法在此方面则更具优势，司法的能动性和司法在个案正义实现方面的作为使得司法追求和所能够体现的正义观更易被不同群体、不同阶层所接受和认可。司法所体现的正义观包含了校正正义和分配正义。校正正义方面，司法不仅校正了立法规范方面出现的忽略少数人的问题，还校正了法律实施过程中因法律的滞后性所造成的不公平或不平等问题。分配正义方面，司法所秉

---

① ［美］理查德·A. 波斯纳：《法理学问题》，苏力译，中国政法大学出版社 2002 年版，第 399 页。

持的正义观一方面强调司法资源分配的公平和平等，任何人均应平等地享有主张、维护、实现自身权利的条件与机会，这也是现代司法最重要的理念之一；另一方面，司法作为一种界定和分配社会资源的重要方式，无论是在宏观司法政策层面，还是在微观个案层面，其所体现的具有分配正义特点的价值观都更加具有调和性，更加容易获得不同阶层或利益群体的认同。当下中国，对于何为公正的司法、司法如何实现正义等问题的回答，拥有更大的包容性和开放性。对我国司法公正的情况，可以从时间和空间两个维度来进行解读。时间维度上，目前我国处于社会转型期和改革深化阶段，对于司法公正的界定和评价处于动态变化之中，其中既包含了历史因素，又涵盖了对未来的预测。空间维度上，值得注意的是，不同地区评价司法公正的方式和标准可能存在差异。无论是经济发达地区与经济落后地区，还是城市与农村，不同地区间的差异都是现实存在的，而司法在不同地区治理中的作用与功能也不尽相同，不同地区公众对于司法公正的评价也是不同的。允许差异或异见的存在不仅是司法能够比法律条文更易被普及的原因，还是公众对于司法产生认同感的主要原因之一。

司法认同形成的另一个重要的意识形态因素是社会不同阶层对于司法在政治体系中的地位已有充分认知，而且国家对于司法在国家治理体系中的功能和作用有了明确的界定。国家治理现代化进程是对治理体系的一次全面重构和完善，在这一进程中也需要对司法在治理体系中的功能和作用重新进行界定。司法制度作为现代政治制度的重要组成部分，在政治体系中占据举足轻重的地位，司法的功能也随着政治体系的改革在不断丰富和变化，已经由最初单纯的定纷止争拓展为多种功能整合于一身的一种社会装置。社会各阶层无论有着怎样的意识形态差异，但对于司法的功能已经达成了一定的共识：化解矛盾纠纷，营造和谐氛围；遏制犯罪，维护社会基本运行秩序；权力制约，监督行政权依法运行；解释法律，创设案例，统一法律适用；制定公共政策，及时回应社会需求；宣扬正义，传播法治精神与法治文化；等等。在全面、系统认识司法功能的前提下，社会各阶层对于司法功能的限度也会有充分的认识，对司法功能的实现会有理性的期待。

在司法活动中，社会各阶层摒弃或搁置意识形态方面的分歧，达成对于司法功能和地位的共识，并在此基础上形成普遍的司法认同。一方面，司法在很大程度上可以保证社会各阶层在司法活动中享有实现正义、维护权益、表达诉求的空间与机会，司法给予的权力制约和权利保障是平等的，司法所特有的平等保护、全面保护特性使得社会各阶层对司法的功能产生制度性的依赖；另一方面，加强司法公开、提升司法公信力的各项措施拉近了司法与社会公众的距离，使得社会各阶层对司法都能产生充分的信任，不仅遵守司法的程序性规定，还遵照法律执行司法机关作出的各类判决和裁定。

（二）统一司法话语体系的形成

社会不同阶层、不同群体对于司法的认知和理解是有很大差异的，司法在不同阶层、不同群体的意识形态与表达中也有着很大不同，而意识形态方面的差异又较为集中地体现在司法话语甚至法治话语的差异上。按照所形成和使用的主体的不同，司法话语可以分为以下三类：第一类是国家对司法的表达，其主要体现的是国家对于司法在国家治理体系中的功能设定与在政治体系中的制度定位以及司法改革主要方向的顶层设计；第二类是司法的法律专业表达，即法律职业共同体内部各类主体对于司法的认知，其中最重要的是法官对于司法的表达，其主要表达的是法律职业人对于司法在国家法治体系中的重要地位的充分理解，其中既体现了法律职业人共享的知识背景，又体现了法律职业共同体内部不同主体所共同认可和追求的价值目标；第三类是司法的公众表达，即公众对于司法的认知和评价，其主要体现的是司法在社会公众认知中的形象、功能及地位。

国家对司法的表达、司法的法律专业表达和司法的公众表达，在遣词造句、表达形式等方面存在较大差异，这些差异部分体现于思想、理论、原理、文化、语文、思维等各个方面①。我国法治建设正在逐步走向成熟，以上三种不同主体所秉持和使用的司法话语正在渐渐实现互通和整合，主要体现在三个方面：第一，随着普法活动的深入和社会公众对于司法的认识程度的不断提升，不同主体有关司法的知识背景走向融合。我国司法知识的传播和普及是在国家公权力主导下由法律职业人和社会公众共同实现的。而司法话语也是在官方话语的主导下，通过整合法律专业话语和公众话语完成了体系化、统一化的过程。第二，通过司法公开的全面实现，不同主体之间司法信息不对称的现象逐步减少，信息的充分、对称使得不同主体能够摒弃偏见，更多地基于司法实践作出对司法的评价。第三，司法民主、司法为民使社会不同阶层对司法认识的表达有了充分的空间。在较为充分的讨论空间中，形成了充分的知识传播和智识讨论，对于一定基础上共识的达成有着十分重要的意义。较为统一、分歧日益减少的司法话语体系对于国家、法律职业人和社会公众司法认同的形成具

---

① 顾培东：《当代中国法治话语体系的构建》，载《法学研究》2012 年第 3 期，第 16 页。

有积极的推动作用。统一和融合的司法话语不仅使不同主体有了更加充分的探讨和交流，也使不同主体更易形成系统、正确的认识，进而形成具有现实基础的、不易动摇的司法认同。

(三) 司法认同的体系构成

"作为国家公共行为的存在，司法是当事人选择纠纷解决方式的主要倾向，折射出社会公众对公权力的权威期待和信任托付。"[1] 按照产生期待、认同的主体不同以及期待、认同的对象不同，可以对司法认同体系的内部构成进行类型化分析。

健全、成熟的司法需要不同主体的"多边认同"，而按照产生期待、认同的主体不同，司法认同可分为对于司法的政治认同和对于司法的公众认同。对于司法的政治认同在外部表现为国家通过《中国的司法改革》白皮书、司法改革纲要等改革的纲领性文件对司法改革的重要性与司法改革的宏观构想及具体思路科学性、合理性的阐释；而更深层面上，则体现于国家在政治体系内部分配政治资源时，向司法、司法改革倾斜性地分配资源，并将司法改革作为我国新一轮改革的着力点和突破口。对于司法的公众认同则主要体现在两个方面：一方面是社会公众将司法作为纠纷解决最权威的方式和途径，另一方面是社会公众对于司法及其包含的司法机关、司法人员、司法行为有着充分的敬畏。司法的政治认同和司法的公众认同的差异是在司法的顶层定位和司法的实践基础的沟通与博弈中实现整合的。二者虽然在表现形式上有差异，但共同的目的都是将司法作为连接国家政权与社会公众、国家权力参与社会治理并深入群体或个体之间纠纷的主要途径，司法成为制约行政权力，维护公众基本权利的核心手段。另外，按照主体是否具备系统的专业法律知识，可以将司法认同分为司法的专业认同和司法的非专业认同，或将司法认同分为法律职业共同体内部的司法认同和法律职业共同体外部的司法认同。依此标准对司法认同进行区分的原因在于法律职业共同体内外部的司法认同的表现形式和意义是有较大区别的。法律职业共同体内部对司法的认同是建立在法律职业共同体内部对司法及司法人员尊崇地位的认可之上的。法律职业共同体内部对司法的认同不仅对司法在法律实施过程中引领作用的发挥有着十分重要的促进作用，还对以法官为

---

[1] 葛天博：《存在与选择：基于司法认同的实证分析》，载《广西政法管理干部学院学报》2014年第6期，第3页。

核心的法律职业共同体的构建和加强有着积极影响。法律职业共同体外部对司法认同的意义不仅仅是社会公众对司法机构及司法人员的认可和尊重，还使司法普及法律知识、传播法律文化的功能得以充分发挥。

按照期待、认同的对象不同，可将司法认同解构为对司法权威的认同、对司法权的认同、对司法制度的认同、对司法机构的认同、对司法人员的认同和对司法判决的认同。对司法权威和司法权的认同是意识层面的认同；对司法制度的认同是制度层面的认同；对司法机构和司法人员的认同是对具象化的司法的认同；对司法判决的认同则可以分为案件当事人对司法判决的认同和非案件当事人对司法判决的认同，前者是对司法权威性、合理性、科学性的认可，后者则是对司法在社会正义实现方面作用的认可。

司法认同是在多边认同、多范畴认同的基础上整合而成的，既涉及司法体制和司法制度的每一个元素，也关系到社会中的每一个人，还渗透到社会生活的方方面面。在讨论意识形态、文化、观念等因素时，司法认同是一个整体；而在具体的法律实施中，司法认同会被类型化，而这些被分类的司法认同又会通过文化和传播层面的整合而形成具有新的内涵和意义的司法认同。这个过程充分展示了司法认同不断演变和发展的特点，也提醒我们司法认同的形成和维持是一个非常复杂和艰难的过程。

（四）形成司法认同的意义

全社会司法认同的初步形成主要有以下三个方面的意义：

第一，司法认同的形成有利于整合与协调法律实施过程中的多元价值冲突。立法和执法中不可调和的利益冲突一般比司法中的多，司法有着这样的特性：司法不仅能够在一定范围内稳定社会公众对于规范的预期，还能够保护多元的价值观和利益诉求，同时可以关照到不同主体之间较为微小的差异，也可以通过能动性的实现来平衡和协调个案中的利益冲突。司法的这种特性决定了司法认同的形成可以在价值观层面进行更大范围的整合，这对于整合、缓解法律实施过程中的价值冲突是很有效的。

第二，司法认同的形成有利于改善司法生态。司法认同的形成极大程度上改善了司法体制运行和司法活动展开的政治生态、社会生态和法律职业生态。司法认同不仅代表着我国社会走向以司法治理为主，其他治理方法共同发挥作用的科学、有效治理模式的阶段，还意味着全社会对于司法机构和司法人员带有普遍的尊重，对于司法裁判即使有疑问也能够普遍遵守。

第三，司法认同的形成有利于司法体制和司法制度的改革和完善。司法认同中包含了社会各阶层对于司法特性的认知。司法的重要特征之一就是司法的有限性，即无论是在能够实现的价值方面，还是在司法效率的提升、司法成本的控制方面，抑或是司法机构运作和司法人员执业方面，司法都有一定的限度。对司法限度的承认和理解，不仅能够校正"司法万能论"等错误认识，还能够给予司法更多的改革、"试错"空间。

三、弱化司法认同的主要因素

目前，我国政治生态、社会文化氛围、经济发展中存在的一些现实因素在不同程度上有碍司法认同的形成，甚至会导致认同困境的形成。这些因素可以归纳为两个方面：一方面，当前部分弱化司法功能与地位的现象尚存，直接导致公众对于司法权威的认识产生偏差，甚至出现"司法无用论"的消极论调。这种现象的出现既与"社会各方面对司法地位的认知存在一定的偏差"① 有关，也与我国司法资源与社会提交司法解决和处理纠纷数量的不匹配以及司法资源分配分享模式转型与改革有直接联系。另一方面，确实存在着比司法更加快速、有效的纠纷解决办法和维权途径。公众总是期待选择效率最高、成本最低的方式来解决涉及自身的纠纷或维护自己的正当权益。必须承认的是，针对特定类型的纠纷和问题，确实存在着比司法更加快速、有效的纠纷解决方式。为了应对这方面的问题，同时也是为了提升司法效率和效益，司法机关通过推出小额诉讼、专业法庭、速裁庭、诉讼服务中心等改革举措来实现司法的供给与社会公众纠纷解决需求的对接和匹配。另外，公众期待的司法与现实呈现的司法或公众感受到的司法有一定的差距。这种差距的形成，一方面是因为"司法万能论"和"司法扩张主义"的存在，公众对于司法功能有着一些不切实际、超越司法本身限度的期待；另一方面是因为司法所能实现或呈现的价值和理念与公众的价值观是有一定差距的，司法自身特有的基本规律与社会公众的常识是有一定距离的，这导致在涉及自身利益或普遍公共利益的案件中，最终的判决结果与公众实现自身利益的诉求或期待有一定的差距，进而直接引发对司法的不满情绪。这种不满如果由个体到群体，由个别到普遍，就会在极大程度上弱化司法认同。

---

① 顾培东：《当代中国司法生态及其改善》，载《法学研究》2016 年第 2 期，第 32 页。

四、司法认同的维护与加强

司法认同的形成并非易事，因为所有认同都是建构起来的①，即单纯依靠社会自生系统形成的司法认同的稳定性、一致性是比较弱的。因此，在司法认同初步形成后，就面临着更为复杂的维持、修正、加强司法认同的过程。维护和加强司法认同的主要措施有以下几个：

其一，司法认同初步形成后，纠纷和矛盾必然向法院集中，为了应对这种变化，必须为司法调整或配备相应的资源；否则，法院将因无力承担由于社会公众司法认同的形成和加强而导致的寻求司法解决的纠纷数量的激增。司法机关一旦无法及时、有效开展纠纷解决活动，将直接导致公众对司法认可程度的下降，进而导致司法认同的削弱。司法认同形成后，一方面应该积极调整司法体系内资源的分配，使之更加科学合理，提高司法资源的配置和使用效率；另一方面则应在国家治理体系内调整资源配置，倾斜性地为司法配置更多的国家资源，既要通过提升立法质量为司法中的法律适用活动提供足够的制度资源，又要为司法活动的开展配置充分的人、财、物等资源，进而保证司法与社会公众的合理需求相匹配，以保证社会公众对司法地位和功能认同的稳定、持续。

其二，通过传播和宣扬司法文明，提升司法权威，增强司法文化认同。"尊重司法结果的文化意识是司法权威确立的前提，认同司法结果的文化取向是司法权威的基础，支持司法最终解决的文化理念是司法权威的支撑。"② 司法权威主要来源于两个方面：一方面是国家为了保障法律实施而赋予司法的强制力；另一方面则来源于社会公众对司法的认同感。这种认同感既是司法文明中所宣扬的司法遵循的一般标准与社会的主流道德观和价值观逐步趋同而促生的，也是司法文明在社会文化塑造尤其是在形塑法治文化中引导社会公众信仰法治、尊崇司法而促生的。

其三，通过加强司法公正和司法公开，提升司法公信力。努力使司法公信力与司法认同的互相促进和影响成为常态，通过提升司法公信力加强司法认同，通过强化司法认同增进公众对司法的信任和敬畏。司法公开的意义在于司

---

① ［美］曼纽尔·卡斯特：《认同的力量》，曹荣湘译，社会科学文献出版社 2006 年版，第 5 页。
② 季金华：《司法权威的文化建构机理》，载《法律科学》2013 年第 6 期，第 3 页。

法机关的"去神秘化"①。司法公开不仅可以有效传递司法信息、全面普及司法知识、减少法院与公众之间的信息不对称，还能够通过畅通司法公众监督的渠道提升司法的公信力，并使公众在看清司法、理解司法的基础上形成司法认同。

其四，通过强化政治理性和公共理性，促进司法认知的校正与完善。政治理性可以引导国家对司法的地位与功能形成正确的界定，公共理性可以引导社会公众形成对司法的正确认识。对司法地位和功能的认识既要避免"司法万能论"，也要减少"司法无用论"。理性看待司法，对司法抱有合理期待，是司法认同得以形成并持续的必要条件。加强司法知识和信息的传播，促使社会公众科学合理地认知司法，也是维持和提升司法认同的重要手段。

其五，变迁中的司法认同与社会发展步调协同。包括司法认同在内的所有社会公众的认同感都是动态的，永远处于蜕变的状态②。在研究司法认同形成与变迁的过程中，既要检视影响司法认同形成的各种要素，并逐步弄清其在司法认同形成过程中所占的位置，尤其是这些要素在法治建设和社会变迁过程中的功能与作用，又要将这些要素以多元的、现实的方式方法组合起来，探索和总结不同社会阶段、各个社会群体和阶层对司法认同的异同。观察司法认同的基本模式应该是动态的：一方面是时间维度的动态，司法认同的形成涵盖了过去的文化因素、现在的制度因素和未来的预设性因素；另一方面是空间维度的动态，要考察司法认同在不同政治、经济、文化环境中的形成与变迁，因为在我国如此广袤的疆域中，司法认同一定是在一种基本模式下，在不同时空中变化的。

五、结语：由司法认同到法治认同的法治建构模式

中国特色社会主义法律体系已经形成，对于一般公众来说，法律体系庞大而复杂，加上法律条文本身难以避免的不确定性，对于具体法律条款的理解和适用依赖于司法机关作出的解释。作为法律条文的适用者，无论是司法解释，还是司法机关推出的指导案例，都对统一法律条款的理解与适用有着至关重要

---

① 薛文超：《信任、认同与司法权威——支撑法律职业化的基础概念》，载《东南法学》2014 年第 1 期，第 214 页。

② ［美］哈罗德·伊罗生：《群氓之族：群体认同与政治变迁》，邓伯宸译，广西师范大学出版社2015 年版，第 338 页。

的作用。成文法国家法律体系面临的挑战之一就是法律滞后于社会现实的问题，很多新型的疑难社会问题并没有成文法予以界定或规范，这种情况下出现的司法判决不仅可以将新型的疑难社会问题纳入现有规制和治理框架，还会极大程度上推动法律的修改或出台。因此，在法治实践中，尤其是在法律体系基本完备的情况下，以司法带动或促进法律的修改和完善是十分成熟的法治建设方案。相应的，司法机关作为国家设定的最权威的解释和适用法律的政治机构，其解释和适用行为使得法治体系保持了对于高速发展的社会的适应，使得法治体系保持了足够的开放性和普适性。因此，对司法文化、理念、精神的传播同样可以带动对法治的传播，以司法认同促进全社会法治认同的形成是颇具现实性的法治建设路径。得到普遍承认的法治内涵之一就是司法裁决对于纠纷界定和案件裁判的终局性以及社会公众对司法的尊重与敬畏。如前所述，司法认同比法治认同更易形成，司法认同也更易从文化层面的情感认同和价值认同演化为实践层面的行为认同。司法认同难以通过具体的标准予以衡量，却可以被普遍感知，其在宏观层面可影响司法在政治体制中的地位，在微观层面可改变社会公众对于司法机关和司法人员的态度。目前，可以说我国全社会的司法认同已经初步形成，在此基础上，不断深化司法改革，在维护与加强司法认同的基础上，以司法认同促进全社会法治认同的形成，是未来较长时期内我国法治建设尤其是法治意识形态和法治文化建设的主要路径。

影响司法审判的因素[*]

——以普通法的视角

一、普通法的宏大叙事与道德的作用

实用主义认为可以将立法和司法中的道德因素看作宏大叙事的一种。普通法中的判例是很有说服力的，但是，在接受先例之前几乎总是要用三种与道德有关的标准来对其进行判断：第一，撰写判决意见的法官的声望。这是最为关键的。普通法判决中认真听取智者的意见总是有道理的，法官被认为是普通法传统的接受者和继承者，而传统的重要组成部分就是道德。第二，原则。在这一阶段和这种工作方式中，原则不仅仅意味着是给规则带来大规模社会秩序性的语言工具，而且意味着必须产生一种意义明确的宽泛概括，其内涵是被过滤过的主流道德。霍姆斯说过，一个时代为人们感受到的需求、主流道德和政治理论、对公共政策的直觉——无论是公开宣布的还是下意识的，甚至是法官与其同胞们共有的偏见，在决定赖以治理人们的规则方面的作用都比三段论推理大得多[①]。由此可见，主流道德是法官在选择所要适用判例的范围时需要考虑的主要因素之一。第三，所考虑的规则可能产生的后果（判决、刑罚等）。在

---

[*] 原刊载于《四川教育学院学报》2010 年第 7 期，此次整理有修订。

[①] ［美］小奥利弗·温德尔·霍姆斯：《普通法》，冉昊、姚中秋译，中国政法大学出版社 2006 年版，第 1 页。

进一步判断有争议的规则及其适用中，需要明确考察公共政策以确定其是否有道理。自然地、不断地寻求更好的和最佳的法律构成了这种风格的特性和标志，但是，这种更好的和最佳的法律是建立在过去所能够提供的经验的基础之上的。这种寻求在于不断地重新考察和重塑传统。这种传统不仅产生连续性，而且为新时代和明天提供了可以适用的原则。这就是普通法的宏大叙事风格。同时，道德的适用是普通法宏大叙事的特征之一。

二、司法中的个人道德与主流道德

（一）法官的个人道德及观念

人是不可能超越本我的限制来看清其他事物的本来面目的，法官当然也是如此。因而法官在其工作中难免会作出一个正常社会人所做的判断，即使有时这种判断是无意识的。这种判断包含了法官个人的思维方式、情感态度、生活背景、政治倾向等因素。而传统、习惯通过内置于以上因素而对判决产生影响。法的正义和司法的公正并不是无视这种情况，而是在认清这些现象上花费了大量的精力并在努力将其影响降到最低。

关于法官的局限性还需要讨论的是：法官的个人观念和法官所处的社区的观念的冲突，是将法官的个人观念强加于社区，还是法官受多数人的影响开始逐步认同社区的观念。可能两种情况都是不妥的，因为法官的个人观念和社区的观念在本质上都是个体观念。而司法是整体观念的产物，因此法官与社区在观念上的互动不应该影响到司法。

关于法官自身认识局限性的问题，在此需要说明的是，本文的讨论并不是局限在人的根本的认识局限性上，而是希望将关注点放在因法官个体的差异而形成的法官在司法活动中的局限性上。这种局限性产生的原因可归结为三个方面：第一，法官本身是要简化法律适用过程的。在法律语言和法律解释方面，这样的诉求是值得被肯定的；但在法律建设方面，如果法官在处理疑难案件时首先想到的是寻找制定法或判例中的依据，而不是创新，那么就有可能造成错误观念的延续。第二，法官的个人生活传统是不同且难以改变的。影响法官个人生活传统的因素是多样的，家庭、教育、传统甚至地域，这些因素在一个人成为法官之前就已经形成，并会在司法过程中不断影响法官的决定。第三，法官本身的社会身份决定了他所作的判决同时也要符合他所理解和坚持的公共政策。

（二）主流道德的范畴与划分

普通法的概念有广义和狭义之分：广义的普通法是指相对于大陆法及其他法律体系的另外一种法律传统，这主要是从横向的空间范围而言的；狭义的普通法是指从 12 世纪开始，英格兰王室法官在司法实践中形成的一套可以普遍适用于全英格兰的法律[①]。显然，霍姆斯采用的是广义的普通法概念。

普通法明确了什么样的道德是可以影响立法和司法过程的。霍姆斯说：普通法讨论的出发点是发育充分成熟的人类[②]。这是我们在讨论普通法问题时的一个背景，即使是不同时代的道德，能够得以传承的就是主流道德。而主流道德的传承方式是让规则吸收习惯、信仰和需求中的道德因素。

主流道德有两个特点。其一，主流道德是变化与保持的统一。在法律中，指导法律的社会意识由复仇向赔偿转变，由精神层面向物质层面转变，由宗教法向社会法转变，这其中有公共政策变化的因素，但更重要的是道德因素的范畴的不断变化；同时，与法律活动相关的道德标准中的部分因素是被转化为法律标准持续保留的。霍姆斯对此的表述为：法律，依其本质之必需，是在持续地把这些道德标准嬗变为外在的和客观的标准，而完全排除了涉案当事人的实际过失[③]。其二，主流道德在普通法审判中不是绝对的，它取决于案件双方当事人的诉求以及案件的性质。案件中当事人的诉求可以因个人需求不同而改变，而不是依传统道德而一成不变，也可以解释为在案件审判结果不影响广泛的社会利益时，法律中的道德是可以被演绎的。

笔者认为可以将主流道德分为两类：一类是针对个人的道德，从这类道德观念中提炼出的规范主要是赔偿性的；另一类是针对社会公众的道德，从这类道德观念中提炼出的规范主要是惩罚性的，以威慑效力为主。这样分类的原因是普通法中的道德和规范维护的都是多数人利益，这也符合实用主义发展的后续脉络。继霍姆斯之后，卡多佐和庞德都继承了这一思想。但对多数人利益的维护并不意味着为维护 A 利益而伤害 B 利益是合理的，而是在个案中对当事

---

① 李红梅：《普通法研究在中国：问题与思路》，载《清华法学》2007 年第 4 期，第 5～6 页。

② 〔美〕小奥利弗·温德尔·霍姆斯：《普通法》，冉昊、姚中秋译，中国政法大学出版社 2006 年版，第 4 页。

③ 〔美〕小奥利弗·温德尔·霍姆斯：《普通法》，冉昊、姚中秋译，中国政法大学出版社 2006 年版，第 34 页。

人的部分利益的性质的确认是可以被接受的。

主流道德可以向法律规则转变，而这种转变的前提是法律与道德的混同。法律与道德的混同表现在三个方面：一是语言上的混同，道德用语大量地被引入法律，例如侵权法就充满了伦理术语，它大量地谈论不当行为、欺诈、恶意、蓄意和过失；二是标准的混同，即道德标准与法律标准的混同，其主要表现在司法的过程中，以上提到的维护多数人利益就是道德标准的典型应用；三是审判过程的混同，司法机关对很多社会影响较大的案件的审理会受到社会公众道德审判的影响。

三、普通法与中国司法现实

（一）普通法对我国立法与司法的意义

普通法的优势是十分明显的。针对中国的司法现实而言，有以下几个关于普通法的问题是值得关注的：

普通法的开放性是大陆法系不能比拟的，本文主要探讨的是普通法对社会主流道德的吸收。事实上，普通法在吸收其他渊源的规范上的情况也是大陆法系无法相提并论的，对判例的运用是我国司法可以向普通法学习的主要内容。以广受公众关注的"许霆案"为例，在"许霆案"之前就已经有了大量的同性质案件，但判决结果却大相径庭，而"许霆案"作为一个契机就为立法或司法解释提供了动力。三鹿奶粉的案子对《中华人民共和国食品安全法》出台起的作用也是如此。

由普通法的发展历程可以看出，法律原则的保留范围要比程序的保留范围更广泛也更深入。相对大陆法系来说，普通法审判中对法律原则的适用更加广泛和合理。以反垄断法为例，反垄断法作为一种新型的法律制度，是社会经济在特定历史阶段的需要和制度回应。但是法律从来都不是人们主观愿望的任意表达，它是一个国家、一个民族文明传承的基本方式和历史积淀。美国反托拉斯法的历史渊源可以追溯至禁止限制交易的普通法判例，以及其他旨在禁止垄断势力和中间人利益的领域，可见美国的反托拉斯法经历的就是由案例到原则，再到适用的一个过程。我们国内也开始重视法律原则在司法实践中的作用，如发生在四川的"公序良俗第一案"，姑且不论其判决正确与否，起码这个案子说明了司法实践中确实存在着法律具体规范的空白地带。

（二）普通法教我们正确认识法官

我们对法律和法官的期待并不是因为法律和法官的无所不能，认识到实在法的局限性，在实在法穷尽时使用自然法进行司法，以此方式完成我们对法治的期待应该是可以实现的。自然法来源于生活。法官必须像立法者那样从经验、研究和反思中获取知识，即从生活本身去获取知识。作为一位维护立法机关和行政机关权威的法官，卡多佐主张法官只能在立法的空白处立法，法官造法相对于立法机关的立法来说只能是从属性的。

卡多佐认为法官在判案时面临着双重任务：首先，从一些先例中抽象出基本的法律原则，即判决理由；然后，确定该原则将要运行和发展的道路或方向[1]。

法官不应该是法律适用的机器。法条主义认为，法律是一个自给自足的知识和技巧的领地[2]。他们的错误已经在大陆法系国家重复了近百年。即便是大陆法系的法官依然要时刻记得：法官是法律最直接的使用者和解释者，法官的每一个判决的影响范围都不是局限在一个案子之内的。"许霆案"就是很典型的例子。大家关注"许霆案"，一方面是因为此案引发的关于法律与道德的广泛讨论，另一方面则是因为大家期待着通过完整的司法程序得到一个可以指导此类案件的判例。无论"许霆案"结果如何，它都将对以后此类案件的判决产生长远的影响。由此可见，即使是在像我国这样的大陆法系国家，判决对社会所产生的影响都是巨大的。

---

① ［美］本杰明·卡多佐：《司法过程的性质》，苏力译，商务印书馆2000年版，第14页。
② ［美］理查德·波斯纳：《法官如何思考》，苏力译，北京大学出版社2009年版，第7页。

挑战与应对：网络舆情对司法公信力的影响[*]

　　伴随着人类社会的形成和发展，信息传播机制成为社会共同体得以形塑与联结的关键性因素，并成为区分不同社会形态的标准之一①。20世纪60年代，人类开始进入互联网传播时代，网络化逐渐成为信息传播机制的主要形态。信息传播机制的网络化宏观上带来了社会交往与互动的结构性变革，深刻影响了包括法律结构及运行在内的社会运行机制。具体到司法场域，它使司法与传媒的关系更加动态、多元和复杂化，影响了司法权威尤其是司法公信力的表现形态②。基于此，本文拟以互联网时代的网络舆情与司法公信力的关系为主题，以中国实践为基点，展开相关探讨。

---

　　* 原刊载于《望江法学（2012年卷）》，法律出版社2013年版，此次整理有修订。

　　① 依据传播媒介的四次跨越式发展，传播学主流理论将人类社会划分为口头传播、文字传播、印刷传播、电子传播四个阶段。参见李正良：《传播学原理》，中国传媒大学出版社2007年版，第61～68页。

　　② 2012年4月举办的第七次上海合作组织成员国最高法院院长会议就以"法院与媒体的合作"为议题，最高人民法院常务副院长沈德咏还做了"司法与传媒在互联网时代的良性互动与科学发展"主题演讲。参见张先明：《构建良性互动科学发展的司法与传媒关系》，载《人民法院报》2012年4月25日。

一、当下我国司法公信力建设的主要问题

在中国特色社会主义法律体系下，如何贯彻依法治国理念，确立法治权威是我国法治建设的关键问题。其中，在全社会树立司法权威是关键，而"司法公信力是司法权威的核心要素"①，因此司法公信力建设便成为增强司法权威的主要着力点。所谓司法公信力，是指社会公众对司法制度以及在该司法制度下法官履行其审判职责的信心与信任的程度②。尽管人民法院采取了一系列加强司法公信力建设的举措并取得了一定成效，但至少从实践来看，司法公信力建设仍然存在诸多困境。具体而言，这种困境主要体现在三个方面。

（一）公众对案件裁判结果的质疑

对司法过程和结果的信任和接受是司法公信力的基本要求，但当前我国民众对案件判决结果存有怀疑的情形并不鲜见，这导致法院裁判的公信力较低。这一方面体现为当事人对司法裁判的认可和接受度不够高，有相当数量的案件需要法院采取强制执行手段才能实现案结事了③；另一方面体现为社会公众等案外人对裁判结果的认可度不高。在一些争议案件或焦点案件中，受案件敏感性、承办法官素质、案外因素等影响，民众对裁判形成过程及结果存有较多疑虑，从而降低了裁判的可接受性。这实际上是对司法公信力的质疑。例如，贪污贿赂等职务犯罪案件曾存在的相对高免刑率、高缓刑适用率等轻判现象，使得社会公众对此提出质疑，这就对刑事司法的公信力带来了较大伤害④；而"彭宇案"的出现，不但引发了道德是否滑坡的全民争议，承办法官裁判技术的不成熟更是对司法公信力带来了极大伤害。

---

① 郑成良、张英霞：《论司法公信力》，载《上海交通大学学报（哲学社会科学版）》2005年第5期，第5页。

② 毕玉谦：《司法公信力研究》，中国法制出版社2009年版，第3页。

③ 参见北京市第一中级人民法院课题组：《关于加强人民法院司法公信力建设的调研报告》，载《人民司法》2011年第5期，第43~44页。

④ 相关报道可参见《专家谈贪官刑期 称被轻判现象严重》，载《廉政瞭望》2012年第11期，第14页。

（二）涉诉信访案件的多元化发展

当前我国信访案件数量较大，部分群众有"信访不信法"的说法，希冀通过信访解决纠纷、保障权利①。其中，涉诉信访的存在反映了司法功能不彰显等影响司法公信力的实际问题。涉诉信访是在司法与信访的互动和平衡中发展的：一方面，司法的纠纷解决功能（尤其是解决公民与政府之间纠纷的功能）失灵，公众只有寻求在信访这种权力监督机制中进行申诉；另一方面，司法公信力的不足使得公众对于司法和信访的定位和界限不明，在出现新型纠纷或某一类型冲突矛盾激化的情况下，更倾向于选择信访去解决问题、化解矛盾。这使得处理积压信访案件、推进信访制度改革、建立信访规范、明确信访和司法各自的职能范围成为我国司法改革的重要工作，也是建立司法公信力的重要渠道。

（三）"执行难"导致当事人利益的有效实现无法得到保证

理论上，司法的外部效应更多地体现于判决的执行过程中，但恰恰是执行的高成本、低效率使得公众对司法的不信任进一步加剧。对部分地方法院受理、执行结案数据的统计分析表明，执行兑现率不到 50%，其中刑事附带民事、交通事故赔偿案件的执行兑现率最低。进一步调查后发现，"执行不能"并不都是被执行人的原因，法院自身的原因占不小比例（23%），包括受地方保护主义和行政压力的影响、执行程序的随意和不透明等②。"执行难"一方面使当事人通过司法所主张的利益无法实现，另一方面也使社会公众对司法判决的强制力、公信力产生怀疑，这恰恰体现了司法权威和公信力不足问题③。基于此，学者们提出的建立执行征信系统、执行监督系统、执行保障系统等解

---

① 相关问题可参见田成有：《中国信访渐呈上升化趋势，学者呼纳入法治化轨道》，载《法制日报》2010 年 10 月 20 日。

② 参见四川省高级人民法院课题组：《人民法院司法公信力调查报告》，载《法律适用》2007 年第 4 期，第 39 页。

③ 对"执行难"问题的分析，参见胡伟：《从强制到激励：民事执行难的法经济学分析》，载《人民司法》2011 年第 19 期，第 101～105 页。

决"执行难"问题的各种方案，落脚点都在建立高效、有公信力的执行制度上[①]。

总体上，前述有关司法公信力建设的困境可以从两个方面来认识：一方面，理论上，司法作为纠纷解决的最后一道防线，与其他纠纷解决方式相比，在社会中的地位是应该有所区隔的，这种区隔必须通过树立司法威信来实现。但对司法缺乏有效的监督机制，司法公开程度不够，尤其是一些案件的非法治化解决方式，甚至受到不理性舆论的深刻影响，使得社会公众对纠纷的司法解决方式缺乏信任。另一方面，司法公开、司法民主等现代法治理念要求舆论和媒体应当在法治建设中发挥应有的正面作用。但缺乏合理、有效的表达机制，使得公众和媒体的意见对司法无法形成充分、有效的监督，难以发挥正面影响。更为不利的是，缺乏有效管理和引导机制的网络舆情，极有可能片面放大和虚假散布不实舆情，对司法公信力造成严重的负面影响。

二、网络时代司法公信力建设的"危"与"机"

网络时代舆论的性质、功能以及其对社会发生作用的方式都有较大转变。概括而言，网络舆论主要有三个特点：其一，赋予公众平等的表达权，因此网络言论数量巨大、内容冗杂，各种性质的言论混合存在，引导和监督的难度较大；其二，网络人际关系是一种准真实的人际关系，其可以走向真实，也可以保持虚拟状态，这导致网络言论的追责难度较大，因此对待网络言论需要有科学的甄别和筛选机制；其三，网络舆论常集中于关注带有强烈矛盾冲突等有显著焦点意义的（司法）事件[②]。这种网络舆论的出现和兴起对于我国的司法公信力建设既是机遇也是挑战。一方面，由于网络时代的舆论传播打破了传统新闻媒介单向式、集中化、精英化和灌输式的传播特征，呈现自下而上、发散式、多向式、集聚化和互动化的多元特质，这种产生和传播机制决定了网络舆论的关注广度，而广泛的参与和讨论正是司法民主参与的基础，由此形成了对司法的全方位监督，进而为司法公信力建设提供了良好助力。因此，如何识别

[①] 相关研究可参见童兆洪：《综合治理执行难长效机制的实践》，载《人民司法》2010 年第 13 期，第 29～34 页；石先钰、李方方：《克服"执行难"的制度安排新论》，载《法学杂志》2009 年第 10 期，第 105～107 页。

[②] 关于网络舆论议题的特性，参见薛朝文：《"李刚门"与网络舆论的形成模式》，载《新闻爱好者》2011 年第 19 期，第 86 页。

和吸收网络舆论中的民意就成为司法中的重要问题。另一方面，与新闻舆论具有理论化和系统化的特征，处于确定的、有序的、条理化的、自我负责的理性层次不同，网络舆论往往具有自发、直接、不确定、混乱、盲目、片面和情绪化等特征，处于舆论的表面的感性层次①，可能为少数人（尤其是争议案件中试图获取不正当利益的当事人）利用舆论激化社会矛盾冲突提供可乘之机，由此所形成的网络舆论很可能对人民法院依法独立审判施加不当压力，进而损及司法的权威性。因此，提升司法公信力，需要清楚认知网络舆情对司法公信力的正、负效应，需要平衡司法监督和舆论自由之间的关系，需要有恰当的司法引导网络舆论的方式、方法，需要有畅通、高效的舆论收集和甄别机制。

三、网络舆情对司法公信力的影响分析——以网络热点事件为素材

作为司法与传媒或司法与民意互动关系的具体形式之一，网络舆情对司法的作用具有不确定性。具体到对司法公信力的影响方面，则可以从对司法公信力三个要素的影响来考察，即对司法判断力、司法拘束力、司法自制力的影响②。在此，笔者选取了一些近年来引起网络舆论强烈关注的案件，具体从网络舆情对司法公信力三个要素的影响进行分析。观察发现，司法的判断力、拘束力、自制力与网络舆情之间的关系可以分为网络舆论压力监督型、司法排除网络舆论干扰型、网络舆论与司法良性互动型三种类型。

（一）网络舆情与司法之间关系的既存模式

1. "躲猫猫"事件③：网络舆论压力监督型

"躲猫猫"事件的整个发展过程可以简单表述为：犯罪嫌疑人意外死亡—公安局向亲属说明死因—媒体披露案情—网友对执法过程提出疑问—邀网友组

---

① 参见席伟航：《网络舆论、新闻舆论与社会舆论的异同》，载《新闻与写作》2010 年第 7 期，第 26 页。

② 对于司法公信力要素的总结，参考了郑成良、张英霞：《论司法公信力》，载《上海交通大学学报（哲学社会科学版）》2005 年第 5 期，第 6～8 页。不过，与郑成良教授有些许差异的是，笔者认为司法自制力和司法排除力在本质上都是对司法独立完成审判过程的描述，自制本身就要求排除一定内容，自制力与排除力实际上可以合二为一。

③ 相关报道参见 http://news.sina.com.cn/z/ynduomaomao/。

成调查委员会—再次公布死因—网友再次质疑调查结果—第三次调查—真相大白。"躲猫猫"事件中网络舆情与司法或执法之间的互动关系是建立在非常态情形下的，由于公众对公安机关执法过程可能存在程序上的瑕疵或实体上适用法律的错误甚至是可能存在司法、执法腐败问题存有怀疑，在既有的司法或执法处理机制"失信"的情况下，网络舆论主动承担起查清事实、监督司法和执法过程的责任。正是网络舆论的压力推动了公安机关通过规范性或制度性的矫正举措来回应网络舆情，使其与网络舆情的良性互动关系得以重新确立，司法公信力在某种程度上得以重建。①

在网络舆情与司法这种类型的关系中，网络舆论对公权力行为的监督呈现出三个特点：其一，在事件发生后，舆论自主形成、传播，且舆论内容主要是质疑和批评；其二，信息量大，形成影响依靠的是舆论的数量和规模，但还未形成良好的舆论收集机制；其三，司法或执法机关迫于舆论的压力而对事件进行调查和说明。从这个角度来说，网络舆论压力监督模式对司法公信力建设发挥了"破坏—重建"作用。

2. 杭州飙车案②：司法排除网络舆论干扰型

杭州飙车案本是一起在法律领域看似十分普通的交通肇事案件，却被公众赋予了太多其他的意义。比如被告人胡某的"富二代"身份和被害人谭某"上进青年"的标签。该案案情并不复杂，但当公众将贫富不均等社会矛盾加入案件讨论中，并把涉案当事人作为某一群体的代表时，其所发表的意见难免存在非理性成分。综观本案的舆情兴起，"其实公众心里始终暗藏着'贫富对抗'的观念，这种观念已经潜移默化地固定在人们心里"③，无意识地支配着公众的思维及心理。但司法机关在本案的处理过程中并未受这种可能主流但非理性的网络舆情的支配，并未因为公众给予双方当事人的身份标签和非理性的参与而丧失保持独立审判权的立场，作出了规范化的专业判决④。

乍一看，这种处理方式似乎不利于司法公信力的建设，至少不利于营造和

---

① "躲猫猫"事件后，公安部不但在全国公安监管系统开展了以"爱岗敬业、忠于职守"为主题的教育整顿活动，还联合最高人民检察院印发了《全国看守所监管执法专项检查活动方案》，在全国范围内展开了排查严惩"牢头狱霸"治理行动。

② 相关报道参见 http://news.163.com/special/00013CEV/dragracing.html。

③ 徐丽君：《从"杭州飙车案"看网络舆论的形成机制》，载《新闻爱好者》2011年第7期，第27页。

④ 相关内容可参见《胡斌为啥判三年：杭州飙车案审判长详解审判结果》，http://news.163.com/09/0720/18/5EMHEDO5000120GU.html。

维护良好的舆论环境。恰恰相反，这一事件体现了司法的自制力及其应有的专业、中立品性，体现了在民意一元或非理性并缺乏克制的情况下司法所独有的理性和独立品格。在这种舆情与司法互动的模式中，当热点事件"退烧"后，民众经过客观分析，就会觉察出司法审判与道德审判的区别，进而树立司法威信，从而提升司法公信力。

3. 李昌奎案①：网络舆论与司法良性互动型

李昌奎案虽然作为刑事案件，其应该被适用的程序相较于民商事案件是较为严格的，甚至有学者认为刑事案件中民意是很难有所作为的②，但李昌奎案却真实地反映出社会主流民意和主流道德对司法判决的期待，而且从裁判结果来看，司法确实回应了这种需求。尽管这种影响是有限的，一方面需要适度保障民众的表达自由，另一方面需要维持司法的独立审判地位。

诚然，从事件结果来看，它似乎弱化了法院裁判的权威性，但这并不能说明网络舆情所包含的情感和话语表达是反法治的，相反，适度吸纳民意、适度引导民众对刑事司法关键问题的思考、适度批判是网络舆论与司法良性互动模式中提升司法公信力的有效渠道。

（二）网络舆情与司法之间关系的一般性发展：常态机制的形成

前已述及，网络舆情的特点在于虽然其有助于实现司法的公开和民主参与，但这种参与在很多情况下是无序的，甚至在意见表达过程中还掺杂了个人情绪，以至于很难形成集中、有效的意见。因此，网络舆情发展到一定阶段后，无论是以上三种关系模式中的哪一种，都需要有适当的引导。由此，问题就转化为由谁来引导。网络舆论中的"意见领袖"并不一定适合，因为很难保证其言论是恰当的，不会激化矛盾；公权力本身也不适合，因为公众需要的是具有中立或超脱地位的人或组织。在这种情况下，主流媒体有很大的作用空间。一方面，可以通过设置一套科学的舆情识别机制和评估指标来反映和引导

---

① 相关案件情况可参见车浩：《法律应当如何应对李昌奎案：从李昌奎案看"邻里纠纷"与"手段残忍"的涵义》，载《法学》2011年第8期，第35~44页；姜涛：《从李昌奎案检讨数罪并罚时死缓的适用》，载《法学》2011年第8期，第53~62页。

② 参见孙万怀：《论民意在刑事司法中的解构》，载《中外法学》2011年第1期，第143~160页。

网络舆情；另一方面，可以对民意进行收集并进行适度的整理总结，为公权力机关的决策提供参考。人民网"舆情频道"和新华网"舆情在线"就是对这种思路的有益尝试①。

主流媒体对司法公信力建设的积极作用在于其增加了司法公开的渠道，通过对网络舆论进行专业化梳理和重述，引导公众关注司法事件的视角和重点。同时，主流媒体对焦点案件的跟踪报道和对网络舆论的总结能够在司法机关与公众之间建立一个较为良好、有效的沟通机制。

通过个案分析以及对常态机制形成的一般性探讨可以发现：网络舆论是有"蝴蝶效应"②的，因此需要关注可能微小但可能起决定性作用的事实；网络舆论的放大效应可能使个别瑕疵被放大为整体问题，使公众对司法公信力形成负面的"标签式"思维；通过舆论监督和司法公开可能修复司法与民众的关系，恢复司法的权威，提升司法公信力。

四、司法机关应对网络舆情的策略

前述分析表明，网络舆情对司法公信力建设是一把"双刃剑"。那么，面对网络舆情，司法机关应当如何应对以提升司法公信力呢？笔者以为，可以从三个方面进行完善。

（一）完善网络舆情引导机制

司法要注重通过媒体和舆论的互动与合作实现普法教育，引导民众选择合理的渠道维护自身权益。比如，在处理涉诉信访案件过多、信访不当的问题上，网络媒体可以发挥自身优势，做好引导工作；在处理信访较集中的问题上，做好对事实的报道，使民众在认清事实的前提下正确地选择主张权利的渠道和方式。在网络时代，司法合作范围绝不应该局限于纸质和广播等较传统的传媒，更要与互联网媒体平台合作，借助网络的影响力和传播力，为司法公信

---

① 人民网"舆情频道"：http://yuqing.people.com.cn/；新华网"舆情在线"：http://www.news.cn/yuqing/。其中，人民网还出版了专门性刊物《网络舆情》，新华网也为决策者提供了"网络舆情周报"和对网络关注焦点进行总结的"舆情研究"。

② 相关研究可参见关梅：《"蝴蝶效应"与网络舆论引导》，载《新闻界》2012年第3期，第54～57页。

力建设营造良好的舆论环境。在这方面，法院新闻发言人制度的建立就具有重要意义，它能够对相关司法信息起到过滤器和正本清源的作用①。但考虑到网络传播的特质及其与新闻发布会的差异，可以考虑利用网络平台进一步建立网络发言人制度②。同时，还可以合理利用"微博"等新兴网络社交工具进行司法公开，接受网民监督③。

（二）完善网络舆情收集机制

如果说网络时代语境下良好的网络舆情引导机制是提升司法公信力的前提，那么科学的网络舆情收集机制则是提升司法公信力的关键。充分的信息是司法机关作出正确司法决策的前提，那么如何甄别和获取网络舆情，为司法机关制定司法政策、作出司法决策提供有效参考呢？笔者认为，由于网络具有其他媒介所不具备的及时、高效的互动机制，司法机关可以利用网络平台收集意见，使网络成为公众参与和意见发表的平台。比如，通过与新华网"舆情在线"、人民网"舆情频道"等网络舆情单位合作，定期收集和研判《网络舆情》《社会管理综合治理网络舆情周报》等载体中有关网络司法舆情的情况，为司法决策提供参考。同时，鉴于这两个网络舆情单位尽管在权威性方面有保障，但是缺乏针对司法事件的全面性、系统性、专业性分析，可以考虑由最高人民法院或者与最高人民检察院、公安部合作，或者由中央政法委员会牵头，建设专门的司法网络舆情研究机构。

（三）完善网络舆情回应机制

对于司法公信力建设而言，收集网络舆情只是手段，是为司法机关更好地回应网络舆情服务的，因此，应当进一步完善网络舆情回应机制。司法公信力的提升并不排斥对错误司法行为和结果的纠正，司法机关应当正视网络媒体的

---

① 参见周瑜：《构建法治国家精神底蕴——专访最高人民法院新闻发言人倪寿明》，载《中国记者》2008 年第 3 期，第 30~31 页；陈实、赵岩：《论人民法院新闻发言人制度之构建——以提高司法公信力为视角》，载《山东审判》2006 年第 2 期，第 53~57 页。域外法治国家的相关制度和实践介绍，参见张立：《德国法院新闻发言人：信息的过滤器》，载《新闻爱好者》2004 年第 11 期，第 31 页。

② 相关论证参见朱昆：《法院网络发言人的定位和价值走向》，载《山西省政法管理干部学院学报》2012 年第 1 期，第 1~3 页。

③ 相关实践及影响可参见鲁燕：《法院开微博，就是让大家来挑毛病》，载《郑州晚报》2011 年 10 月 25 日；马冬：《法院刷微博，离题别太远》，载《南方周末》2012 年 5 月 21 日。

监督和批评，合理吸纳和回应网络舆情所提出的合理诉求。这种回应机制既包括增强司法公开的实质性、加强裁判文书说理、强化司法约束力等维护司法终局性的诉讼法举措，从制度上治理涉诉信访和"执行难"①，对于公众强烈关注的热点、争议案件，司法裁判应当准确甄别和合理回应网络舆情所包含的"公众判意"②，又包括增强司法权依法独立行使的基础性保障，即法院财政需求的刚性保障和人事管理的相对独立性，还包括提高与锻造司法公信力的人格载体——法官群体的高素质和伦理品性。

五、结语

信息技术的发展不但给司法影响社会的方式带来了变化，给公众参与司法、表达诉求的方式带来了深刻影响，也对司法公开、司法民主提出了更高的要求。可以预见，网络舆情会使司法机关与社会公众的关系和沟通方式得以重塑，而司法机关理应利用这个机会进一步树立和强化司法公信力。如何利用网络信息传播机制及网络舆情为司法公信力建设提供助力，是司法机关必须认真面对的问题。在司法公信力与网络舆情的双向互动关系中，一方面，司法公信力要通过网络舆情来树立和传播，但碍于网络信息的冗杂和无序，需要建立一个相对中立且可信、高效的机制，对网络关注度高的案件实时适度通报审理进展，对司法的运作过程和结果进行公开，主动梳理和引导网络舆情发展，通过建立引导网络舆情的长效机制，借助网络监督平台树立司法公正的新形象；另一方面，网络舆情的引导需要有能够及时、合理、有效地监督、影响司法活动的网络平台，主流媒体应当发挥资源优势，积极总结分散的网络舆情，使其形成有效、有力度的表达。

---

① 参见舒小庆：《提高我国司法公信力的路径思考——以民众信"访"不信"法"为视角》，载《求实》2008 年第 12 期，第 71~72 页。

② 有关公众判意的系统论述，参见顾培东：《公众判意的法理解析——对许霆案的延伸思考》，载《中国法学》2008 年第 4 期，第 167~178 页。

法官选任制度变迁与改革构想研究[*]

一、法官选任制度概述

法官选任制度是法官制度的前端，是法官管理程序的起点，是决定法官队伍整体素质的第一个关键环节。法官选任对一个国家而言十分重要。法官是社会中资源分配、权利界分、权力监督的重要主体，如何选出公众满意的合格法官、优秀法官是树立司法权威、加强司法公正、提升司法公信力的决定性因素。

法官选任制度的特征主要有以下四个：第一，权威性。法官选任是由国家授权的机构进行的，法官选任制度是由国家用立法的形式确定下来的。第二，严肃性。法官选任过程有着严格的标准和程序要求，法官选任中的程序性要求保证了法官选任过程的严谨和公平。第三，公开性。为了满足社会公众的知情权，法官选任的相关信息和选任过程要通过适当方式向公众公开。法官选任过程的公开一方面可以提升选任过程和法官群体的影响力，使社会公众了解法官选任的合理性所在和合法性基础；另一方面也将法官选任过程放置于社会公众的监督之下。第四，公共性和民主性。法官是国家治理的重要参与者，同时也是国家治理体系与社会公众的连接点，为了保证法官可以得到社会公众的认

* 原刊载于《四川大学法律评论》2017 年第 1 期，此次整理有修订。

可，法官选任过程必须有一定程度的公众参与，应该有社会公众表达意见的渠道和机制，使得法官的人选是国家和社会公众两者意志共同作用的结果。

二、我国法官选任制度的变迁

我国法官选任制度的变迁大体经历了以下四个阶段：

第一阶段，1949—1966年，法官选任制度的创设和形成时期。新中国成立初期，我国并没有明确的法官选任制度，在《中央人民政府组织法》《中央人民政府最高人民法院试行组织条例》《人民法院暂行组织条例》《中央人民政府任免国家机关工作人员暂行条例》中，对最高人民法院和地方各级人民法院院长、副院长的任免做了简单规定，将任免法院院长、副院长的权力授予同级人民政府委员会。《人民法庭组织通则》中则对人民法庭工作人员的选任做了规定：人民法庭的正、副审判长及半数审判员由同级人民政府选任，其余半数由同级人民代表会议或人民团体选举，正、副审判长及审判员都要由本级政府报上级政府审核并任命。"五四宪法"诞生后，《人民法院组织法》颁布，两部法律对审判员任免的权力机构做了进一步的规定。这一阶段的法官选任主要依靠党政机关工作人员的选拔程序来实现，政治素质是法官选任中最重要的考察因素。法官的主要来源：（1）骨干干部；（2）青年知识分子；（3）五反运动中表现积极的工人、店员；（4）土地改革工作队和农民中的积极分子；（5）转业的革命军人（包括一部分适于做司法工作的轻残废军人）；（6）各种人民法庭干部①。从法官的来源可以看出，这一阶段法官群体的特征是"非专业"，但"绝对政治正确"的干部和群众。这一阶段选拔法官的关键标准是政治上的忠诚和一定的行政工作经验，选任标准中并未对法律专业知识有具体要求。

第二阶段，1967—1976年，法官选任制度遭到严重破坏时期。这一时期，司法系统和刚刚兴起的法律职业遭到严重破坏，法官选任工作处于停滞状态。

第三阶段，1977—1994年，法官选任制度的探索时期。"文化大革命"后，我国的法治建设拉开帷幕，法官选任的制度建设和具体实践又一次轰轰烈烈地展开。1979年实施的《人民法院组织法》在审判员任职条件方面只明确提出了政治资格和年龄条件。1983年修订后的《人民法院组织法》增加了一个审判员的任职条件：人民法院的审判人员必须具备法律专业知识。可以说，

---

① 参见董必武：《董必武政治法律文集》，法律出版社1986年版，第235页。

在此之前，我国法官的准入是以政治素质为主要标准的，当然，这与当时法律人才的极度缺乏是有密切关系的①。在这一阶段的初期，法官主要是从其他行政部门调入和军人转业；进入这一阶段的中后期，因高等教育中法学教育的逐步恢复，法官的主要来源逐渐过渡到从法学专业毕业生中招录。20世纪80年代，最高人民法院在部分地方人民法院进行法官制度改革的试点，检验法官统一招考、择优录取等制度的实践效果，为法官管理制度的立法积累了宝贵的经验。这一阶段的法官选任制度是国家强力推动的运动式立法所造就的，这样的制度也成就了一批快速职业化的法官②。这批法官有些是恢复高考后的第一批大学生，有些是经过短暂入职前培训的复转军人或干部，他们的职业化是为了回应我国社会转型和社会发展所产生的旺盛的法律需求。这批法官是伴随着我国法律体系的成型而成长的，我国法官队伍的框架在这一时期基本得到完善，法官队伍基本成型。法官队伍通过将其他行政机关干部、事业单位工作人员调入法院，复转军人进法院，通过公务员考试向社会公开招录三种方式得到了空前的壮大。以现在的标准看，这一阶段的法官选任标准是十分松散的，但这种看似"半专业"的法官恰恰适应了当时法律体系尚不完备的时代特点。

第四阶段，1995年至今，法官选任制度的完善和改革时期。1995年颁布实施的《中华人民共和国法官法》（以下简称《法官法》）在我国法官制度历史上堪称丰碑。在1995年《法官法》颁布之前，我国缺乏法官招录、培养的统一标准和程序，法官队伍的人员构成较为复杂：有很大一部分是从高考落榜生中招干，从部队复员、转业或退伍后安置到法院的，有一小部分就是恢复高考后毕业的大学生或大专生、中专生直接分配到法院的，还有一小部分是通过接班等方式进入法官队伍的③。1995年《法官法》设置了年龄、政治素质、职业经验、知识等法官招录标准，但这些标准都比较笼统，为实践留出了较大的空间。

1999年最高人民法院发布的《关于贯彻中共中央〈关于进一步加强政法干部队伍建设的决定〉建设一支高素质法官队伍的若干意见》中对完善法官选任制度提出了几个具体的措施：其一，通过"考试＋考核"从党政机关选拔不

---

① 章武生、马贵翔、王志强、吴英姿：《司法公正的路径选择：从体制到程序》，中国法制出版社2010年版，第116页。

② 相关研究可参见刘思达：《失落的城邦——当代中国法律职业变迁》，北京大学出版社2008年版，第97页。

③ 陆而启：《法官角色论——从社会、组织和诉讼场域的审视》，法律出版社2009年版，第161页。

同层次的优秀干部成为法官；其二，从军队裁员的专业干部中择优选任法官；其三，通过考试从下岗人员中选拔优秀人员成为法官；其四，进行法院内部机构改革，将力量充实到一线法官队伍当中。2001 年修正后的《法官法》又对法官选任标准做了进一步扩展和细化，其中最重要的变化是以国家统一的司法考试替代了法院系统内部组织的初任法官资格考试。另外，还将法官的学历要求从大专提高到了本科。

2002 年最高人民法院发布的《关于加强法官队伍职业化建设的若干意见》中对于法官选任制度改革提出的具体措施主要有以下几个：第一，按照法官审判工作的规律和法官职业的特点，设置法官选任的标准和进行法官职业培训；第二，严格法官的职业准入，规范法官选任程序，严格执行法官选任的学历、工作经验等标准；第三，由高级人民法院统一组织法官选任的测试、考核，从通过国家统一司法考试并取得任职资格的人员中择优遴选法官；第四，加强对法官选任工作的监督，将基层人民法院法官选任的监督权授予高级人民法院；第五，推行法官逐级选任制度；第六，加强法官交流、轮岗制度，促使法官到司法资源稀缺地区工作。《关于加强法官队伍职业化建设的若干意见》最主要的意义有两个方面：一方面强调尊重和按照司法活动的一般规律和法官的职业特点来实施法官队伍的改革；另一方面提出法官选任程序和标准的制度化和规范化。

2005 年实施的《中华人民共和国公务员法》（以下简称《公务员法》），从国家公务员体系建设和完善的角度明确提出了法官管理所适用的法律和程序都依照相关特别法，不必拘泥于《公务员法》的规定，这实质上是在国家公务员体系内部承认了法官职业的特性，也确认了法官选任制度有别于一般公务员选录制度的改革和发展方向。2005 年至今，我国法官选任制度改革一直都在持续，改革秉持尊重司法活动一般规律和法官职业特点的基本原则，改革的方向总体上保持稳定，主要可归结为五点：第一，扩展法官的来源；第二，在法院人员分类管理、法官员额制的基础上，建立专门的法官选任制度；第三，完善法官任用的专业标准和职业经验标准；第四，改革法官选任程序；第五，改革法官入职前的培训制度。

在这一阶段，还有一项对法官选任制度改革的尝试，就是最高人民法院面向社会公开选拔高水平审判人才，其中的创新主要体现在三个方面：第一，法官遴选的范围比较广泛，包含了法学专家、检察官、律师、党政机关工作人员；第二，选拔工作完全由司法机关根据法官职业的特有规律、按照法院的需求展开，选拔程序公开透明，从程序上保证了选拔结果的客观公正①；第三，选拔工作由法院主导，人事、组织等部门配合。最高人民法院从法学专家、律师中选任法官的等级、级别和参加遴选的候选人的素质都比较高，但从近十年这一制度的实践情况来看，选拔出法官的数量还非常少，没有让这种选拔成为一种常规性的机制。

2014年我国的法治建设走向新的阶段，司法体制改革有了很多新的实践，其中顺应时代潮流设立知识产权法院就是其中之一。最高人民法院发布的《知识产权法院法官选任工作指导意见（试行）》把我国法官选任制度改革的很多理念和规划带到了实践当中，其中比较重要的几点是：其一，法官来源可以是优秀审判人员，也可以是符合条件的从事知识产权法律事务、法学研究、法学教学的专业人员；其二，法官任职资格条件中，除了对一般法官的要求，还对法官等级（四级）、工作经验（6年以上相关审判工作经验）、法官职业能力（主持庭审及撰写裁判文书）做了特别要求；其三，考虑到了地区之间法律职业资源的差异，将从其他法律专业人员中选拔法官的标准的设定权交给了地方；其四，明确了法官遴选委员会对于法官人选的差额建议权。

我国法官选任制度已经走过了起起伏伏的六十多年，其中经历了新中国成立初期的建立、"文化大革命"时期的停滞、"文化大革命"后的重建、改革开放后的完善与改革四个发展阶段。从历史发展的视角看我国法官制度的变迁，可以发现以下几个规律：第一，法官选任标准由"非专业性"向"专业性"转变。随着法学教育的发展和法律职业共同体的初步成型，我国法官选任中对法律专业知识的要求越来越高。第二，法官选任程序由"粗放型"向"精细型"转变。法官选任制度建立初期的很长一段时间内，除了担任法院领导的法官，对于法官选任程序并没有特别的规定，法官选任程序比较粗糙，各地法官选任程序也有很大差异。随着《法官法》等法律制度的完善，法官选任标准和选任程序逐步明确，全国逐步建立起精细化的、程序法定的法官选任流程。第三，法官来源经历了"多元→单一→多元"的变化。新中国成立初期，为了尽快将我国的司法体系建立起来，在新中国法学教育体系尚未形成的情况下，只有多渠道地寻找较为适合法院工作、为人正直、沟通能力强、政治忠诚的人员担任法官，因此在相当长的一段时间内，法官的来源是多样的。随着我国法院正规化、现代化建设的推进，我国法官选任的学历标准的提高，加上法官选任主要

---

① 王利明：《迈向法治——从法律体系到法治体系》，中国人民大学出版社2015年版，第160～161页。

通过公务员招录考试完成，最能够适应这种选任体制的是高校法学专业的毕业生。他们刚刚接受了系统的法学教育，无论是法律知识还是考试技巧，都还处于记忆准确、掌握娴熟的阶段，因而成为能够顺利通过公务员考试，成为法官的主要群体。这一阶段法官的来源就显得比较单一。从高校法律专业毕业生中选拔法官最大的问题是缺乏系统、全面的入职前培训，法官的职业经验和社会知识明显不足，因此，我国几轮司法改革中都在着力解决法官来源单一的问题。第四，法官选任过程由单一权力主体模式向法院主导下多主体共同参与模式转变。新中国成立至今，我国的法官选任主要还是通过行政权力主导的方式在组织和开展，与其他国家公务员的选拔并无太大区别，这显然无法显示司法在国家治理中的重要地位和司法活动的特有规律，而我国法官选任制度的改革正在从行政权力主导的模式中走出来，逐步走向一元主导多元参与的新模式，让与法官有直接关系的国家意志和公众意志都能够反映在法官选任的过程和结果中。

三、我国法官选任制度的现状

根据《法官法》《人民法院组织法》《公开选拔初任法官、检察官任职人选暂行办法》等法律法规的规定，我国的法官选任主要从政治素质、品德性格、法律教育背景及法律工作经验、专业资格等方面设定标准（参见表1）。

表1　我国现行法官选任标准

标准类型	具体标准
国籍	具有中华人民共和国国籍
年龄	年满二十三岁
身体情况	健康
政治素质	（1）拥护中华人民共和国宪法 （2）有良好的政治素质
品德性格	有良好的品行

标准类型	具体标准
法律教育背景及法律工作经验	(1) 高等院校法律专业本科毕业或者高等院校非法律专业本科毕业具有法律专业知识,从事法律工作满二年,其中担任高级人民法院、最高人民法院法官,应当从事法律工作满三年 (2) 获得法律专业硕士学位、博士学位或者非法律专业硕士学位、博士学位具有法律专业知识,从事法律工作满一年,其中担任高级人民法院、最高人民法院法官,应当从事法律工作满二年 (3) 适用学历条件确有困难的地方,经最高人民法院审核确定,在一定期限内,可以将担任法官的学历条件放宽为高等院校法律专业专科毕业
专业资格	法律职业资格证书、律师资格①
否定性标准	(1) 曾因犯罪受过刑事处罚的 (2) 曾被开除公职的

在法官选任程序方面,按照选任法官是否担任行政职务,可以分为初任非法院领导成员的法官选任和法院领导成员法官选任。此外,实践中最高人民法院和知识产权法院各有一套单独的法官选任程序(参见表2)。

表2 我国现行法官选任程序

法官类型	法官选任方式	法官选任程序
初任非法院领导成员的法官选任	考试+考核	(1) 发布招录公告、接受报名、资格审查 (2) 考试:笔试+面试 (3) 法院会同组织部门进行全面考察 (4) 体检 (5) 决定任用、公示 (6) 由法院院长提请同级人民代表大会任命为审判员
法院领导成员法官选任	选举、任命	(1) 各级法院院长由同级人民代表大会选举产生 (2) 各级法院副院长、审判委员会委员、庭长、副庭长由法院院长提请同级人民代表大会任命

---

① 2009年最高人民法院、最高人民检察院联合印发的《关于将取得律师资格人员列入法官、检察官遴选范围问题的通知》明确规定:为了广泛吸收优秀人才进入法官、检察官的遴选范围,经研究并报全国人大常委会法制工作委员会同意,今后在遴选法官、检察官时,对具备法官、检察官任职条件并已通过律师考试取得律师资格的执业律师和其他从事法律工作的人员,可以视为已通过国家统一司法考试,列入法官、检察官的遴选范围,不必再通过国家统一司法考试。

法官类型	法官选任方式	法官选任程序
最高人民法院面向社会公开选拔高水平审判人才	考核	（1）发布公告、接受报名、资格审查 （2）专业评审 （3）面谈（最高人民法院领导担任主考官） （4）体检、考察 （5）公示
知识产权法院法官	考核	（1）发布公告、接受报名、资格初审 （2）法官遴选委员会对法官人选进行能力评审，提出差额人选 （3）知识产权法院院长提请同级人民代表大会任命

四、我国法官选任制度存在的主要问题

（一）法官选任程序方面存在的问题

在第四轮司法改革全面铺开之前，法官选任程序方面存在的主要问题有以下六个方面：

其一，将法官选任交给组织部门统一实施，法官选任过程容易受到地方党政机关的影响，行政化色彩较浓。依照《法官法》的规定，法官的任命权是属于地方人大的，加上现行法官选任大多通过地方公务员统一招录程序完成，就可能导致在法官的任免中地方色彩较浓。从权力制衡和选拔结果的有效性的角度看，应该将法官这一有着较多特殊职业要求的从业人员的选拔交给人才需求机关或专门机构来负责，这样也可以尽可能避免地方干预影响法院依法独立行使审判权情况的发生。

其二，缺少独立的法官招录遴选程序，法官招录遴选标准与公务员趋同，影响了司法队伍整体素质的提升。法官是对专业知识、品德性格、社会经验都有着较高要求的职业，这与对其他行政机构的工作人员的职业要求有着很大的区别。我国现行的法官招录和遴选大多是通过省级公务员招录程序完成的，是在用选公务员的标准和程序选法官的候选人，这导致初任法官的整体素质并不令人满意，其也难以胜任繁重、复杂的审判工作。

其三，法官选任没有专门的负责机构。目前我国的法官选任还是由法院制

订人才需求计划，报省级组织部门同意后，通过公务员招录考试来完成的。无论是初试中的《申论》《行政职业能力测试》，还是复试中的结构化考核，都是由组织部门负责的，法院仅仅是派员参加，而且其评分权重与来自其他部门评委的评分权重并无差别。法官选任没有专门的机构负责和我国法官选任中存在的很多问题直接相关：首先，没有专门的法官选任机构，导致没有专门的力量针对法官选任的标准进行调研、讨论、修改、制定和完善。其次，现阶段依靠组织部门进行选任工作的模式限制了法官的来源，降低了法律职业共同体内的其他职业人员向法官转换的可能性。再次，无法对在不同级别、性质法院工作的法官进行区分，无法根据实际需要进行法官选任。最后，对于法官选任过程中司法系统自身诉求的表达不足，对于选任过程中相关各部门之间关系的协调不足。

其四，法官来源多元化，但法官选任程序单一。目前，我国的法官主要有五个来源：第一，高等院校法学专业毕业生或具有一定法律知识的非法学专业毕业生通过参加省级公务员统一招录考试成为法官助理，在达到一定的工作年限、职级等要求后，通过院内选拔程序，被任命为法官；第二，最高人民法院从符合条件的律师、法学专家中选拔法官；第三，上级法院从下级法院法官中进行选拔；第四，其他国家行政机关工作人员调入法院担任法官；第五，复转军人进入法院担任法官，军事法院法官调入法院担任法官。法官候选人来源的丰富并没有使我国法官队伍的整体职业经历和社会知识变得丰富。造成这种状况的原因之一就是我国的法官选任程序较为单一，仅能勉强适应从高等院校毕业生中进行初任法官的选拔，而难以适应从律师、法学专家、下级法院法官、复转军人中选拔法官的多样性和复杂性。可以说法官选任程序的单一性限制了法官来源多元化本身可能发挥作用的空间，降低了法律职业共同体内部各职业之间转换的可能性，也极大地制约了法官队伍整体素质的提升。

其五，法官选任程序与相关程序的衔接方面存在诸多问题。现行法官选任在公务员招录程序中实现的模式使得法官选任程序在司法体系外部完成，而法官培训、法官晋升、法官轮岗、法官到高校挂职、法官惩戒等事项却是在司法体系内部完成的，法官选任与这些事项的衔接经常出现问题。

其六，法官选任程序中社会公众参与程度较低。在第四轮司法改革中，司法民主成为司法改革的重要价值取向是因为随着我国法官职业化、精英化的逐步推进，法官对于司法裁决行为的垄断越来越彻底，而"司法民主是对严格司法职业化所带来的弊端的补救"[1]。目前，通过公务员招录程序完成的法官选任几乎没有公众表达意见的机会，公众的参与程度极低。公众无法知晓法官的选任过程，无法参与对法官候选人的评价，就会对法官选任的过程产生怀疑，进而对法官的专业性和权威性产生怀疑。具体来看，法官选任过程公众参与的缺乏主要体现在三个方面：其一，法官选任程序中缺乏公众表达意见的渠道；其二，法律规定的法官选任标准与公众心目中合格法官的标准存在差距；其三，公众对于产生的法官候选人无法表达看法。有观点认为法官选任过程没有公众参与是因为要保障司法的独立和法官的独立，一旦公众有机会参与法官选任过程，就可能会出现讨好公众的候选人当选，甚至会出现法官为讨好公众而影响客观、中立裁判的情况[2]。但司法民主不是司法的民粹化，也不能将司法民主与政治上的"大民主"对等。司法民主是有限度的，而这个限度是由宪法、法律予以界定的，是由程序法定的，在法官选任制度中也是如此。如果法官选任程序中没有公众的影子，那么可能影响公众相信法官的司法裁决；如果法官选任过程被公众主导，就会出现意见分散、非专业甚至非理性的选择。

（二）法官选任标准方面存在的问题

1. 法官选任的专业标准

法官选任的专业标准包含两个方面：一方面是学历标准，另一方面是知识积累的标准。学历方面，《法官法》设定的法官学历底线是高等院校的本科毕业，但这个学历标准是具有很大弹性的，既可以是法律专业的本科，也可以是非法律专业的本科，但"具有法律专业知识"。实践中，为了进一步明确"具有法律专业知识"的标准，全国人大法制工作委员会作出的关于"具有法律专业知识"的立法解释和最高人民法院、最高人民检察院作出的答复为：第一，取得高等教育法律类专业证书（双学位、第二专业、辅修课程等）；第二，取得高等院校或高等教育自学考试8门以上单科合格证书；第三，通过国家司法考试，取得法律职业资格证书；第四，通过初任法官考试、初任检察官考试或律师资格考试；第五，经省级以上法院三个月以上法律专业知识培训并经最高

---

[1] 武飞：《法律修辞：司法民主的职业化进路》，载《深圳大学学报（人文社会科学版）》2014年第1期，第98页。

[2] 相关研究可参见刘景辉：《司法的民主角色与民主责任——解读司法民主》，载《当代法学》2010年第3期，第48～56页。

人民法院确认（只适用于担任地方各级人民法院院长、副院长的人选）①。另外，《法官法》还规定对于适用以上学历条件确有困难的地方，经最高人民法院审核确定，在一定期限内，可以将学历条件放宽为高等院校法律专业专科毕业。全国人大法制工作委员会作出的立法解释应属于扩大解释，实际上扩大了可参加法官选任的人员范围，而最高人民法院、最高人民检察院认定的"经省级以上法院三个月以上法律专业知识培训"则完全是为了解决司法体系外干部到法院任职的法官资格问题而设定的，对于普通法官选任标准的设定并无太大参考价值。法官选任中学历标准的扩大化解释使得法官的知识背景显得较为混乱，因为通过不同方式接受的法律知识教育，在没有实践经验的情况下是很难形成较一致的执业效果的，这就导致我国法官水平的参差不齐；在法官队伍内部，也因为知识背景的差异，很难形成职业共同体内部的认同和沟通。另外，虽然我国高等院校的法学教育体系是由教育部统一设计的，但不同高校教学效果的差异还是比较大的，教学重点差异较大，教学中实践、实习环节的设置也有很大不同，因此，学历相同的高校毕业生，实际的法律知识水平也是有很大差别的。更不要说现在我国法律教育体系发展的多元化，培养了法学本科、法学双学位、法学自学考试、法学硕士、法律硕士、法律（法学）硕士、法律（在职）硕士等多种法学毕业生，以上虽然都是法学专业毕业生，但因教育教学方式差异较大，其法律专业知识水平的差异是很大的。可见，用学历衡量法律专业知识水平的科学性是不足的。而从知识积累方面来看，我国现行法官选任过程对法官知识积累的考察重视不够，在法官选拔中并没有针对性的考试或考核程序，但法官职业恰恰是需要丰富的社会经验和知识积累才能够理解案件发生的社会情景和案件的基本事实的，这方面的知识积累很难通过现行法官选任制度体现出来。

2. 法官选任的职业经验标准

《法官法》中用从事法律工作的年限来衡量法律工作的经验，这符合一般认知规律。而全国人大法制工作委员会对于"从事法律工作"同样采取了扩大解释的方法，将"从事法律工作"界定为立法工作，审判、检察工作，国安、公安工作，监狱、劳教工作，律师工作，法律教学、科研工作，党政部门中的

---

① 相关研究可参见谭世贵等：《中国法官制度研究》，法律出版社 2009 年版，第 78～79 页；本刊学习问答组：《如何理解检察官任职条件中的具有法律专业知识的要求》，载《人民检察》1998 年第 7 期，第 63 页。

法制工作等。这样宽泛的界定使得职业经验标准的设立失去了实际意义。因为法官选任过程中的职业经验标准所要求的经验应该主要是司法实践经验，只有积累了一定程度的司法实践经验，才能够快速适应、胜任法官的具体工作，而立法、法律教学等经验实际上仅对法律的理解和解释能力有帮助，对于法律适用的意义不大。因此，我国现行法官选任中的法律职业经验标准实际上并不能实现选拔熟悉司法实践的法官的目的。

3. 法官选任的政治素质和道德标准

目前我国的法官选任机制还无法对个人品德个性进行实质考察，这就可能导致很多公务员考试的能手，而不是对社会实践有深刻认识的人进入法院。此外，对于政治素质和道德标准方面的考察不够也可能间接导致法官腐败现象。在法律职业共同体内部，在资历、能力等条件相近的情况下，法官的平均收入一定是比律师低的，而在物质生活有基本保障的前提下，能够不为多种因素诱惑的，一定是秉持远大职业理想和具有一定道德高度的，因此对候选人政治素质和道德标准方面的考察可以在很大程度上避免贪财好权之徒进入法官队伍，对防止司法队伍的腐败有着积极意义。

五、法官选任制度改革的必要性及意义

在一个国家的司法体系中，法官是司法运作的最小单位，是决定司法产品质量的最核心因素之一；而在法律职业共同体内部，法官是地位最高，受到社会公众尊重、肯定、信任最多的职业，也是被普遍认可的法律人职业生涯的最高追求。法官选任制度改革不仅是司法体制改革的重要内容，更对凝聚法律职业共同体共识、提升法律人整体素质、明确法学教育体系改革方向有着重要的促进作用。具体来说，法官选任制度改革的必要性和重要意义主要有以下七个方面：

第一，社会公众对司法产品需求的不断增加要求法官队伍不断壮大，法官选任制度改革可以更好地满足社会公众对法官和司法的期待。一个不可否认的客观事实是：改革开放以来，社会公众法律观念的变化和国家治理方式的转变使得诉诸司法解决的纠纷的数量和复杂程度都在不断提高，司法机关工作量大幅度增加，要求通过扩充法官队伍和提升法官队伍整体素质等方式满足社会公众对司法产品的需求。法律职业共同体掌握的核心资源就是法律，而经济复杂

多变的法治国家要求一批专业人士对法律的原则、规则和标准进行解释、说明、运用和协调①。法治国家发展的一般规律是，在法治初创时期对立法者的需求是比较多的，而在法治走向成熟的过程中则对司法者和执法者有更多的需求。

第二，司法机构的人才需求结构已经发生了较大变化。司法机构对于从事一般案件审判法官的需求已经通过公务员统一招录、从其他行政机关调入、复转军人进法院等渠道得到了基本满足，当下缺乏的主要是具备一定法律知识积累和法律实践经验，并对社会现象和社会问题有全面理解的优秀法律人才，来应对日益复杂的社会环境和司法实践工作。

第三，有利于加强司法队伍内部的竞争，改善司法队伍素质，提升法官水平，特别是增加司法人员的社会实践经验。对法官选任制度的改革，尤其是扩大法官的来源以及法官选任程序和标准的改造，对于司法队伍整体素质的提高有着十分积极的意义。具体来看，其积极意义主要体现在三个方面：其一，扩大法官的来源，将与法官拥有同样知识结构的优秀律师、法学专家引入法官队伍，可以增加现有法官队伍的职业危机意识，增强法官群体内的竞争；其二，法官来源的扩大可以改变单一法官来源体制中法官知识结构较为简单的情况，有着丰富社会知识和经验的律师和有着较强法学理论功底、掌握多种法律论证方法的法学专家加入法官群体可以在很大程度上丰富法官群体的知识结构；其三，优秀律师和法学专家参加法官选任使得更多的优秀法律人才向司法机关流动，其直接效果是提升了法官队伍的整体素质和专业化程度，优秀律师和法学专家都具备从司法机关外部看待司法运作的经验和感受，对于如何改善司法机关的运作和法官的裁判行为有着深刻的认识，在成为法官后，可以对改善司法行为提出许多有益的建议。

第四，有利于我国法律职业共同体的构建，打破不同法律职业之间的壁垒。威尔莫特和西卡曾经指出，在职业变迁内部，国家的作用尤为重要②。国家对于法律职业的影响是十分巨大的，但同时国家治理和法律职业的发展之间也呈现出一种相互影响、相互依赖的关系。在法律职业共同体的发展中，国家会通过不同的方式对其施加影响。其中，通过改革法官选任制度，从优秀律师中选拔法官，对法律职业共同体的影响主要有两个方面：一方面有利于我国法

---

① ［美］玛丽·安·格伦顿：《法律人统治下的国度——法律职业危机如何改变美国社会》，沈国琴、胡鸿雁译，中国政法大学出版社 2010 年版，第 121 页。

② ［英］杰拉尔德·汉隆：《律师、国家与市场：职业主义再探》，程朝阳译，北京大学出版社 2009 年版，第 63 页。

律职业共同体的形成和加强，任何职业内部都主要是通过构建合理的职业晋升渠道和职业荣誉层级来实现对从业人员的激励的，国家通过改革法官选任制度表明对于不同法律职业的功能定位，是构建法律职业共同体的必要基础；另一方面，国家通过改革法官选任制度扩大法官来源，可以打破不同法律职业之间的壁垒，通过促进不同法律职业之间的流动，使不同法律职业之间能够形成真正的交流和沟通。

第五，可以降低司法系统内法官的培养成本。改革法官选任制度，扩大法官来源，将律师和法学专家确定为遴选法官的重要来源，其中很重要的一个原因是优秀律师和法学专家已经具备了较为全面的法律知识和丰富的法律实践经验。尤其是很多优秀律师，他们是法律领域的"通才"，对司法实践的一般规律有着深刻的认识，对法律知识的运用有着丰富的实践经验。而且随着律师行业的逐步成熟和学者到司法机关挂职制度运作的日渐成熟，我国还涌现出了一大批学识丰富、社会评价较高、与司法机关形成良性互动的优秀律师和法学专家。这些律师和法学专家熟悉司法机关的运作，对于案件审判流程十分了解。他们一旦转变角色成为法官，在法律知识储备和司法经验积累方面是完全没有问题的，甚至远远优于通过公务员统一招录程序选拔的法官助理。初任法官从法官助理中选拔的机制实际上是让司法机关承担了培养合格法官的成本，而从律师和法学专家中选任法官则能极大地降低司法系统内人才培养的成本，提高人力资源的利用效率。

第六，有利于拓展律师职业的前景，对律师行业的良性发展有着正确的导向作用。当前我国的律师群体中有两个不良的职业取向表现得较为明显：一个是过度商业化取向，部分律师将获取经济利益的能力作为衡量律师执业成功与否最重要的标准。律师将获利作为执业目标之一是无可厚非的，商人型律师可以遵循重商主义，但同时也应该遵循商业道德，是诚实、守信、谦让和勤勉的。另一个是"死磕"取向①，部分律师致力于把自己塑造成乐于并敢于"用'死磕'警察、检察官和法官的方式代理或者辩护案件"②。死磕派律师的产生有很多原因。宏观层面看主要是因为我国法治尚处于发展、成型阶段，法律职业之间常规、理性的互动模式尚未完全形成等，但究其根本，是律师群体执业规范和职业道德基础并不稳定。律师是一个准入门槛和专业化程度都比较高的

---

① 相关研究可参见王凤涛：《"磕出"中国法治"进步"？——死磕派律师的制度角色与中国司法的策略选择》，载《时代法学》2014年第6期，第3～13页。

② 冀祥德：《律师缘何"死磕"？》，载《中国司法》2013年第9期，第79页。

职业，律师的执业成本较高，因而律师群体就会期待较高的付出可以有相匹配的回报，这其中既有经济方面的回报，也有社会地位、声望等方面的回报。无论是商人型律师还是死磕派律师，都期待能够处理好案件、赢得当事人的好评，并尽可能地扩展职业发展的空间，对自己的职业未来有更多的期待。法官选任制度改革将律师、法学专家纳入法官的来源，并为之设立专门的选任程序和标准，切实地为律师职业提供了更加广阔的职业发展和拓展空间。当律师在执业活动中心怀更多的期待和理想时，无形中就会对自身的执业活动施加更多的约束和考量，并积极地引导律师的执业行为和职业规划，极大地促进律师行业的良性发展。律师是法律职业共同体中需要面对最多问题的职业，他们既要面对市场的竞争和生存的压力，也要勉力保持自身的公共服务精神[1]。这二者并不协调，甚至很多情况下会形成冲突，并让律师群体对自身所理解的法治精神和律师职业道德产生动摇。国家的法律体系和司法体制必须通过一些手段强化律师群体的法治观念，律师群体在树立了更加高尚的职业理想后，会对自身的执业行为施加更全面的自我约束，这十分有利于律师行业的良性发展。

第七，从律师、法学专家中招录遴选法官对法学教育的改革有着积极的引导作用。从律师中选任法官可以匡正学生们对于律师行业的偏见。在此基础上进一步改革法学教育体系，要努力让学生明白，到法学院来学习，首要的目标应该是成为律师[2]。其中，将成为律师作为学习的目标是因为律师是法学专业人士最普遍的职业，是很多法律职业的前置性职业，是可以通过自身法律技能立足的法律人。按照"可以成为执业律师"的标准改革法学教育体系，是在校正法学教育目标的基础上对目前略显庞杂的法学教育体系进行系统调整，增加法学教育中对法律人职业理念和法律实践技能的教育，对于改变法学教育与法律实践脱节的状况一定会大有裨益。

六、法官选任制度改革的基本构想

第四轮司法改革中对法官选任制度的改革在宏观层面主要可以归结为以下四个方向：

---

① ［美］玛丽·安·格伦顿：《法律人统治下的国度——法律职业危机如何改变美国社会》，沈国琴、胡鸿雁译，中国政法大学出版社2010年版，第13页。

② ［美］特雷西·E. 乔治、［美］苏珊娜·雪莉：《到法学院学什么——美国法入门读本》，屠振宇、何帆译，北京大学出版社2014年版，第16～17页。

首先，扩大法官来源，通过提高法官队伍准入的法律实践经验标准，推进法官队伍职业化建设。有学者曾将我国法官的主要来源概括为招干（调入）、军人转业、院校①，这种判断到目前为止依然基本适用。而在第四轮司法改革中，扩大法官来源、加强我国法律职业共同体内部的转换和流动，是为了将已经具备一定条件的优秀律师、法学专家等法律专业人士吸引到司法机关工作。这样的举措不仅可以丰富法官群体的知识结构，而且可以增加法官队伍的法律实践经验。

其次，设立独立的、专门的法官选任机构，保障法官选任工作能够独立、专业、公正地展开。我国目前通过公务员统一招录程序选拔法官助理的模式有一定的可取之处，但其缺点在于选任过程的行政化程度较高，选拔出的法官候选人的来源单一、社会知识和法律实践经验缺乏，对于不同级别、不同性质的司法机构的人才需求缺乏有针对性的对待，缺乏法官选任中科学、系统、精细的法律知识标准、法律实践经验标准和法律职业道德标准等。通过设立具备独立地位的、专业化程度较高的、专门负责法官选任工作的机构，可以在很大程度上改善以上问题，弱化现有法官选任、晋升体制中的行政化色彩，设定科学、有效的法官选任标准和程序，有针对性地满足不同司法机关的人才需求。

再次，构建精细化、专业化的法官选任标准和程序，在法官选任中进行程序分流，对不同来源的法官候选人设定有针对性的选任标准和程序。其中，初任法官由高级人民法院统一招录，并一律在基层人民法院任职；上级法院法官原则上从下一级法院具备一定审判工作经验的法官中遴选产生；从优秀律师、法律学者，以及在立法、检察、执法等部门任职的专业法律人才中选任法官。通过以上的程序分流，有针对性地从不同法律专业人士中选拔在不同级别、不同性质法院从事审判工作的法官。有针对性地选拔，不仅意味着人才供求的对应，还对法官队伍的稳定性有着十分积极的意义。

最后，通过法官选任制度改革拉动法官培训制度、法官职业保障制度、法官惩戒制度的改革，推动法律职业共同体内部的流动和相互促进。法官群体准入标准和程序的改革是可能形成"蝴蝶效应"的。法官来源扩大后，优秀律师和法学专家进入了法官队伍。他们都具有较为扎实的法律专业知识和丰富的法律实践经验，因而原有的法官培训和评价机制对其并不适用。为了使新进入司法系统的优秀律师和法学专家能够更好地发挥作用，就必须同时系统性地改革

---

① 胡云腾：《司法改革——问题、目标和思路》，载信春鹰、李林：《依法治国与司法改革》，中国法制出版社 1999 年版，第 3 页。

法官培训、法官惩戒、法官评价等机制。

七、法官选任制度改革面临的主要挑战

法官选任制度改革的方向虽然已经较为明确，但在改革方案实施的过程中依然会面临许多挑战，主要有以下四方面：

首先，法官选任制度改革与其他制度改革的衔接。要做好新的法官选任程序与法官任命程序的衔接；改革后的法官选任程序要求对法官入职前的培训制度也要做出相应改革；要处理好从法学专业毕业生中招录法官后备人才、上级法院从下级法院选拔法官、从优秀律师和法学专家中招录法官三种选任程序的关系；要处理好改革后的法官选任程序与法官管理制度的衔接。

其次，改革后的法官选任制度涉及制定和修改法律法规。修改《中华人民共和国法官法》《中华人民共和国检察官法》《中华人民共和国公务员法》，将改革后的法官选任程序和标准通过修改法律的方式确定下来；制定《法官、检察官遴选委员会工作指引》《初任法官、初任检察官统一招录规范》《从律师、法学专家中招录、遴选法官、检察官规范》。

再次，如何提高新的法官选任程序对具备一定法律知识和法律实践经验的法律人才的吸引力。法官工作能够吸引优秀法律人才的主要原因有三点：第一，职业稳定性；第二，法官在法律职业共同体内享有最高的职业地位；第三，法官职业为法学专家了解、参与司法实践提供了机会。应进一步强化以上能够吸引优秀法律人才的因素，以保证新的法官选任制度能够吸引更多优秀的法律人才。

最后，要着力预防新的法官选任制度影响现有法官队伍的工作积极性，保证在新制度实施过程中现有法官队伍的稳定。

法官遴选委员会制度构建研究[*]

法官选任制度改革是第四轮司法改革的重要内容之一，其改革效果在很大程度上决定了是否能够为司法改革提供法治人才资源的基础性支持。目前各地在前期改革中已经设立了法官遴选委员会专门负责法官选任，这对于我国来说是一项富有生命力的司法制度革新。但不可否认的是，由于在法官遴选委员会的组建、职能、运作等方面尚无统一规范，实践中依然面临着很多困惑。因此，本文拟对法官遴选委员会制度的若干问题进行探讨，以求为该制度的完善提供学理支持和实践借鉴。

一、法官选任制度改革的方向：民选还是专门机构选

从世界范围来看，法官选任主要有两种模式：一种是通过公民投票选举方式产生；另一种是通过专门机构选出、权力机构任命方式产生。

通过公民投票选举方式产生法官的模式主要存在以下三个方面的问题：其一，通过选举方式产生的法官一般任期固定，法官可能受制于选民的评价或某些职业绩效考核标准。其二，通过选举方式产生的法官必须为选举进行充分的准备，这将占用法官大量的时间和精力。其三，公共理性的缺乏和公民素质的

---

* 原刊载于《内蒙古师范大学学报（哲学社会科学版）》2017 年第 2 期，此次整理有修订。

参差不齐导致公民在参加法官选任的投票时难以做到真正、完全地理性考量。

通过专门机构选出、权力机构任命方式产生法官的模式需要设立一个专门的机构来负责法官的遴选。设立专门机构负责法官遴选的优势主要有三个：第一，专门机构可以设计和制定有针对性的选任标准和程序，可以全面覆盖并充分考虑到法官职业的特性；第二，可以提升法官选任的效率，降低法官选任的成本；第三，由专门机构负责法官选任更加有利于保障法官的独立性。

我国将法官选任的专门机构定名为法官遴选委员会。从司法制度基本原理角度来看，设立专门机构遴选制度具有四个方面的意义：首先，将法官选任的权力交予专门机构，即选择通过"专门遴选＋专门任命"的模式选拔法官，是在遵循司法活动一般规律和法官职业特点的前提下开展法官选任制度改革的。其次，法官选任与立法工作者等其他法律工作者的选任是分开进行的，是授权给不同机构进行的。再次，法官遴选委员会的设立意味着可以对法官选任制度进行精细化改造，可以按照法官的不同等级、岗位性质进行有针对性的选拔。最后，设立法官遴选委员会负责法官选任工作说明法官选任工作要由一元的权力专有模式向多元的权力分配模式转变。

在我国，设立法官遴选委员会还具有更为本土化的独特意义：首先，设立法官遴选委员会是我国法官队伍职业化、现代化发展到一定阶段的必然选择。其次，设立法官遴选委员会不仅可以减少党政机关对法官选任过程的影响，还可以减少上下级法院之间在司法行政事务方面的联系，规范上下级法院的审判业务关系，是保障司法机关依法独立行使审判权的重要措施。再次，设立法官遴选委员会对于建立多层次、多渠道的法官选任体制，扩大法官来源，根据法院层级的不同设置不同的遴选程序，改革和完善现有法官选任机制有着非常积极的作用。最后，设立法官遴选委员会有利于针对在不同级别、不同性质法院担任不同工作岗位的法官设立不同的选任标准，对于建立系统、科学、全面的法官选任标准有着十分重要的意义。

二、法官遴选委员会的组建

（一）法官遴选委员会的分级设立

在法官遴选委员会的设立中，要考虑的关键问题是法官遴选委员会是否需要分级设立；如需分级，应分几级。在我国的司法体系中，最高人民法院与地方各级人民法院的功能是有根本区别的，最高人民法院是制定法律解释和发布指导案例的权威主体，审判不是其最重要的职能，而地方各级人民法院则以审判为主导性工作。因此，一般国家的法治实践中都将最高人民法院和地方各级人民法院的法官遴选委员会分设，以体现最高人民法院在地位和功能上与地方各级人民法院的差异。根据我国第四轮司法改革的纲要性文件中"人财物省级统管"的思路，应当将我国的法官选任分为最高人民法院的法官选任和各省级行政区域内的法官选任，所以也应该相应的分别设立国家最高人民法院法官遴选委员会和省级地方法官遴选委员会。

（二）法官遴选委员会的行政隶属

在各地方制定的试点方案中，对于法官遴选委员会的归属问题有不同的设置，目前在学术界和实践中主要有以下五种建议方案：

第一种方案是在省级人民代表大会中设立法官遴选专门委员会。"专委会是人民代表大会按照需要设立的工作机构。"① 将法官遴选委员会定位为人民代表大会的专门委员会可以将选拔和任命两个程序合二为一，简化法官产生的过程。但这一方案存在两个方面的问题：一是人民代表大会专门委员会的委员必须是人大代表，这在一定程度上限制了法官遴选委员会委员的来源；二是人民代表大会专门委员会的主任、副主任、委员都不得在国家行政机构和司法机构中担任职务，这与法官遴选委员会中成员多元化的设立构想相违背。

第二种方案是在省级政法委员会内设立法官遴选委员会。依照党领导政法工作的基本原则，政法委员会的主要职责是把握政法工作的宏观大局，而不是负责诸如法官选任这样的具体事项。

第三种方案是在省级司法行政机关内设立法官遴选委员会。目前我国司法行政机关的职权范围基本不涉及法院、检察院的行政事务，而法院等司法机关的行政事务基本都由司法机关内设的行政部门负责，与司法行政机关并无太大关联，这一点与国外的"大司法部"模式有很大区别。

第四种方案是在高级人民法院内设立法官遴选委员会。法院"人财物省级统管"的司法改革主导思路，并不代表高级人民法院当然地有权力负责下级法院法官的选任。如果将法官遴选委员会设在高级人民法院，这明显超越了我国

---

① 周航：《充分发挥地方人大专委会职能的若干思考》，载《淮海工学院学报（人文社会科学版）》2014年第7期，第13页。

司法体制中高级人民法院的职权范围，是缺乏合法性基础的。

第五种方案是将法官遴选委员会设置为独立机构，由省级人民政府负责人员、经费等方面的保障。将法官遴选委员会定位为独立机构最主要的原因是法官选任既需要与司法机关的日常活动相分离，也需要与党政机关保持适当的距离。

在上述五种方案中，从保障法官选任程序的独立性、公正性、专业性角度来看，目前最后一种方案是最优选择，而且也能够契合现行法律制度的相关规定，并且在尽可能精简的前提下进行机构的组建也不会带来过高的成本。

（三）法官遴选委员会的组织结构

法官遴选以及与之相关的多种工作都是长期性的、延续性的。与域外很多国家法官遴选的专门机构相比，我国法官遴选委员会预计承担的工作量还是比较大的，因此，法官遴选委员会应当是一个常设机构，要有专门的人财物保障，并且要通过立法或修改法律的方式明确其法律地位。在规模和人员组成方面，法官遴选委员会可设委员 15 名，其中法官遴选委员会主任 1 人，副主任4 人。法官遴选委员会的主任应由非法律专业的人士担任，并且应具备一定的领导才能和组织沟通能力，能够领导法官遴选委员会开展法官选任的相关工作。法官遴选委员会的副主任应该分别是来自法院、组织部门、政法委员会、司法行政等部门的领导。其余 10 名委员应从政府部门工作人员、法院资深法官、律师代表、法学专家、人大代表、政协委员、社会公众代表中选任。考虑到法官遴选委员会的工作量较大，应该为法官遴选委员会设立辅助性的、处理事务性工作的办公室。

三、法官遴选委员会的职能

法官遴选委员会是一个独立的机构，其设立的目的就在于为司法权的独立运行和建立独立的法官选任程序提供制度保障，在综合考虑评价标准的延续性、机构运作效率和机构能够负担的工作量等因素的基础上，笔者认为法官遴选委员会应承担以下八大职能：

第一，初任法官助理的选任。目前我国基层人民法院和中级人民法院中很大一部分的法官来源于法院内的法官助理。现行的法官选任模式下，由法官助理晋升法官，是法官助理在达到一定工作年限后，经过法院内部组织的笔试、面试、民主评测、听取意见等程序，成为法官候选人后报人民代表大会任命为助理审判员或审判员即可。为了实现法官选任制度专业化、独立化、透明化的改革，应该将初任法官助理的选任从法院工作中独立出来，交予法官遴选委员会。

第二，初任法官的入职前培训及培训后考核。可以考虑将初任法官入职前培训的课程设计、授课组织以及培训后考核的相关权力交予法官遴选委员会，由法官遴选委员会主导入职前培训内容的设计，由法官学院等负责培训的实施，最后由二者共同组织考核。

第三，员额制法官的选任。员额制法官的选任是法官遴选委员会现阶段最重要的任务之一。根据《中共中央关于全面推进依法治国若干重大问题的决定》和《最高人民法院关于全面深化人民法院改革的意见》，员额制是第四轮司法改革中司法人员管理体制改革的重要举措之一。而实行法官员额制首先需要解决的问题就是员额制法官的总体数量，其次就是员额制法官的准入标准，这就涉及对法官候选人及其既往职业生涯的总结和评价。在确定员额制法官总体数量时，也有对法官的年龄、能力、部门分布、工作均衡度和心理状态进行详细深入分析的需求①。如果由法院来负责这样的工作，显然可能影响法官的独立性。员额制法官的选任本身也涉及法院的利益，而由政法委员会、司法行政部门、组织人事部门来负责员额制法官总体数量的确定和调整以及员额制法官的选任也是不恰当的。综合考虑，由法官遴选委员会来组织现阶段员额制法官总体数量的确定和调整、入额考试或考核、员额制法官的职业效果评价等是最能够保证员额制法官选任公正、独立进行的方式。

第四，上级法院从下级法院招录法官。将从下级法院遴选法官的工作交由法官遴选委员负责主要是基于两方面的考虑：一方面是司法系统人财物的省级统管，法院人事权要进一步集中，而法官遴选的权力则主要集中于法官遴选委员会；另一方面是法官遴选委员会将从下级法院遴选法官的权力从上级法院中剥离出来，避免了公众普遍担心的上级法院可能通过人事问题影响下级法院及其法官裁判的现象发生。

第五，从律师、法学专家中招录法官。有必要为社会上有志于成为法官的优秀法律人才提供一个进入法院的渠道，即建立从律师、法学专家中招录法官的制度。这一制度要求招录必须公开、公平、公正。为了充分保障选拔过程的

---

① 何帆：《做好法官员额制的"加减法"》，载《人民法院报》2014 年 7 月 17 日。

权威性和专业性，应由法官遴选委员会负责从优秀律师、法学专家中招录法官。

第六，从符合条件的其他政府机构的法律工作者中招录法官。与从律师、法学专家中招录法官有所不同的是，在其他政府机构中工作的法律工作者的司法实践较少，对于审判流程的认识和熟悉程度比较低，但也还是有一些政府机构的工作人员的知识背景和工作经验是比较适合从事某类具体审判工作的，例如从事行政复议工作的政府工作人员可能比较适合从事行政诉讼的审判工作。法官遴选委员会设立后，就应负责该项工作，以选出合适的行政机关法律工作人员担任法官。

第七，法官等级评定和晋升。在法官的待遇与行政职级脱钩后，决定法官待遇的唯一因素就是法官等级，这就使得法官等级评定和晋升变得尤为重要。将法官等级评定权交给法官遴选委员会，法官遴选委员会在《中华人民共和国法官等级暂行规定》的基础上对不同等级法官的评定标准进行细化，并在法官等级评定过程中充分考虑社会公众、案件当事人、律师等不同主体的意见，形成对法官全面、系统、科学的评价。

第八，军事法院法官转入地方法院任法官的考察。目前国家对复转军人的安置政策发生了很大变化，需要法院安置的复转军人的数量降低了不少，而且法院所面临的法官缺乏的问题在一定程度上得到了缓解，法院的人才需求结构已经发生了根本性的变化，法院对于从事一般审判工作的法官的需求基本上可以通过初任法官的选任得到满足，法院缺乏的是经验丰富的、可以审理疑难案件的法官，而复转军人进法院并不能满足这样的需求。但专业的军事法院法官一般都是具备扎实基础知识、丰富审判经验的法律人才，是可以引进法院的优秀审判人才。因此，有必要专门建立一套专业的军事法院法官进入地方法院工作的机制。法官遴选委员会负责对专业的军事法院法官的考察和遴选工作，以确定其可以胜任法院内什么样的工作岗位，可以在哪一级法院从事审判工作，可以在哪一类法院担任法官。

四、法官遴选委员会委员的选任及构成

（一）法官遴选委员会委员的规模及来源

总体来看，决定法官遴选委员会委员规模的因素主要有三个：第一，法官

遴选委员会委员的数量必须能够充分体现法官遴选活动的合法性、民主性和公共性，保证法官遴选过程中能够充分体现社会各阶层对司法的需求和期待。第二，法官遴选委员会委员的数量必须能够保证法官遴选委员会委员之间能够形成必要的监督和制约。第三，法官遴选委员会委员的数量必须能够保证法官遴选委员会能够高效地作出决策。因此，在能够保证法官遴选过程中社会各阶层都能表达自身利益诉求的前提下，还必须将法官遴选委员会委员的数量控制在一定范围内，并结合建立相应科学决策程序、优化委员决策水平等方式实现对决策效率的追求。建议我国各法官遴选委员会委员的总体数量控制在 15 人左右，其成员应包含法院领导干部、资深法官代表、律师代表、法学专家代表、检察官代表、组织人事部门代表、纪检监察部门代表、公众代表等各个机构或利益群体的代表。

在委员比例方面，为了防止法官遴选过程的过度行政化，同时形成必要的监督和制约，我国法官遴选委员会的 15 个委员名额在不同来源委员之间可做如下分配：法律专业委员 9 名，其中包括政法委领导、高级人民法院领导各 1 名，律师代表 1 名，法学专家代表 3 名，资深法官代表 3 名；非法律专业委员 6 名，其中包括法官遴选委员会主任 1 名（由具有一定社会地位和威望的非法律专业人士担任），组织人事部门代表 1 名，纪检监察部门代表 1 名，社会公众代表 3 名。

（二）法官遴选委员会委员的选任机制

法官遴选委员会委员的选任机制按照委员来源不同可分为三种：第一种是由组织推荐。来源于政法委、司法机关、组织人事部门、纪检监察部门等党政机关的委员，应通过党政机关内组织推荐，经法官遴选委员会的主管机关同意后任命。第二种是由社会团体推荐。由法官协会、女法官协会推荐的资深法官和由律师协会推荐的优秀律师代表，法官协会等法律职业人组成的社会团体应该结合法官遴选委员会的具体要求，通过内部推荐或考核程序选拔。第三种是由社会公开选拔。法官遴选委员会中由社会公众代表担任的委员主要通过社会公开选拔的方式产生。社会公众代表应该从事的是非法律类工作，具有较为丰富的社会实践经验，并对社会公众事务有一定的认识和见解。

（三）法官遴选委员会委员的任命与任期

为了保证法官遴选委员会的权威性和独立性，法官遴选委员会委员选拔和任命的权力应由相应级别的人民代表大会享有，最高人民法院、最高人民检察院在法官遴选委员会委员选拔过程中有制定规范和提供指导的权力，但没有利用行政命令进行领导、指挥的权力。从保持法官遴选委员会内部稳定的角度考虑，可将法官遴选委员会委员的任期设置得稍长一些，加上在党政机关、司法机关担任领导干部的委员也有任期的限制，建议将法官遴选委员会委员的任期设定为5年，可以连任两届。其中，法官遴选委员会主任应由具备一定社会威望，但从事非法律类工作的人员担任，任期5年；法官遴选委员会副主任由在政法委、高级人民法院、组织人事部门担任领导干部的委员担任，任期同样为5年。

五、法官遴选委员会的运作

（一）法官遴选委员会的工作模式

法官遴选委员会的一种工作模式是针对初任法官的选任而设计的。将初任法官的选任从公务员统一考试中分离出来后，即可交由法官遴选委员会负责，形成以统一考试为主，以考核为辅的初任法官选任模式。这种法官选任模式是针对具备一定法律知识，但法律实践经验不足的法律人设置的。

法官遴选委员会的另一种工作模式是针对上级法院从下级法院招录法官，从律师、法学专家中招录法官而设计的。在这种工作模式中，法官遴选委员会的工作步骤主要包括：第一，根据法官职位空缺情况，发布选任法官的公告，其中应包括招录法官岗位的具体情况、基本要求等。第二，接受报名。法官遴选委员会行政辅助人员对报名者的资料进行审查，确定报名条件合格者的名单。第三，组织考试或考核。此时，因为招录的对象不同，可将程序进行适度的分流，对上级法院从下级法院招录法官和从律师、法学专家中招录法官的考试或考核分别设置不同的标准和内容，以便较好地考察不同招录对象的专业优势和特长。此考试或考核阶段的目的是对参加法官选任的群体进行进一步筛选，为法官遴选委员会作出决定做准备。第四，法官遴选委员会作出法官选任决定。在前期资料审查、考试或考核结果的基础上，法官遴选委员会作出法官遴选结果的最终决定。

法官遴选委员会以上两种工作模式的启动时间和频次都不一样：初任法官的选任应每年定期开展，根据基层人民法院审判工作的具体需要确定招录的具体人数；而上级法院从下级法院招录法官和从法律、法学专家中招录法官，则在法官职位出现空缺，法官遴选委员会收到法院申请后即可随时启动法官选任程序。

（二）法官遴选委员会遴选结果的性质

法官遴选委员会遴选结果是一种建议结果，而不是最终具备法律效力的结果，但法官遴选委员会给出的法官选任结果具有一定的权威性，在提请人民代表大会进行法官任命时，人民代表大会不能随意否定；如果人民代表大会对法官遴选委员会提出的法官选任结果有异议，必须说明理由。在法官遴选委员会遴选结果数量与法官职位空缺数量之间的关系方面，法官遴选委员会可以给出与法官职位空缺数量等额的法官候选人提名，也可以差额提名。差额提名的缺点在于多出了一个选任法官的权力，而这种权力的分散对于法官选任制度的改进并无太大意义；而且从实践来看，人民代表大会否认法官候选人提名的情况也非常少见。因此，法官遴选委员会的遴选结果应该与法官职位空缺数量相一致。

员额法官退出的理论检视与制度构建[*]

虽然目前法学理论界对法官员额制改革实施后可能出现的问题已经有了一些研究，但关注的重点还是在法官员额的定额、遴选、保障等问题上^①，对员额制实施后的效果和相关配套制度的建设与协调关注不足。而司法实践对员额制相关配套制度的需求已经显现，在员额制实施一年后，各地都已开始员额法官评价、员额法官惩戒等相关改革的探索和建设^②。本文关注的则是员额法官管理中与遴选相对应的一项重要制度——员额法官退出。

---

* 原刊载于《社会科学家》2018 年第 1 期，此次整理有修订。

① 相关研究可参见拜荣静：《法官员额制的新问题及其应对》，载《苏州大学学报（哲学社会科学版）》2016 年第 2 期，第 55～62 页；宋远升：《精英化与专业化的迷失——法官员额制的困境与出路》，载《政法论坛》2017 年第 2 期，第 101～117 页；宗志强：《如何构建和完善员额制改革下的法官选拔和退出机制》，载《山东审判》2015 年第 1 期，第 20～23、82 页；屈向东：《以案定编与法官员额的模型测算》，载《现代法学》2016 年第 3 期，第 160～180 页；黄伟东：《法官员额制的运行及保障机制研究——以聊城中院改革试点为考察对象》，山东大学硕士学位论文，2016 年；鲍仲钰：《法官员额制研究——以上海市法官员额制试点为例》，华东师范大学硕士学位论文，2016 年。

② 相关情况可参见娄银生：《江苏法院员额法官不办案均直接淘汰出局》，载《人民法院报》2017 年 5 月 20 日；卢志坚等：《我省出台员额检察官退出管理办法》，载《江苏法制报》2017 年 6 月 6 日；本刊综合媒体报道：《珠海横琴法院率先推行第三方法官评鉴机制 不合格将退出员额》，载《党政视野》2016 年第 1 期，第 29 页；孟焕良：《浙江出台员额法官考评新规》，载《人民法院报》2016 年 4 月 25 日。

一、员额法官管理制度的宏观构建

在探讨员额法官退出制度的相关问题之前，有必要通过阐释员额法官管理制度的几个重要问题来厘清我国员额法官管理制度改革与完善的基本方向和思路。

（一）员额制的基本内涵

从世界范围来看，法官选任主要有两种模式：一种是通过公民投票选举方式产生；另一种是通过专门机构选出、权力机构任命方式产生[①]。从实施的效果来看，通过普遍性的选举进行法官选任的模式对于法官队伍的更新换代以及对法官形成有效监督和制约的效果并不明显。大多数法官并不是特别担心这些选举，因为通过投票罢免一个法官并非易事[②]。为了兼顾制度构建的合理性与实践的效果，无论是法官选任还是法官退出，都更应该通过专门机构依照法定程序来实现。我国第四轮司法改革中最重要的改革措施之一员额制改革的目标之一就是要将我国的法官选任和退出通过专门机构经由专门的程序来实现。员额制的实施全面回应了我国法官选任过程的正规化、专业化、专门化建设需求。从功能主义角度看法官员额制，它是一种职业荣誉激励的手段。员额制实施前，"中国法官群体是低同质化的，因而其对于不同激励因素的态度也存在较高程度的分化"[③]，对中国庞大的法官群体实现有效激励的难度是比较大的。一个走向成熟的法律职业共同体，不同种类法律职业之间一定会存在一种基于职业位势而形成的常态化关系。无论是由于代表国家行使审判权而获得的权威，还是由于对法律知识的全面掌握，法官在法律职业共同体内都具有最高的职业位势。法官的职业尊荣感在法律职业共同体中应该是独一无二的，但审判资格的泛化则使得法官群体的职业位势和职业尊荣感没有得到充分体现。员额

---

① 李鑫：《法官遴选委员会制度构建研究》，载《内蒙古师范大学学报（哲学社会科学版）》2017年第2期，第50页。

② ［美］约翰·N. 卓贝克：《规范与法律》，杨晓楠、涂永前译，北京大学出版社2012年版，第163页。

③ 李晟：《低同质化背景下的中国法官外部环境约束》，载《北大法律评论》编辑委员会：《北大法律评论》，北京大学出版社2014年版，第537页。

制改变了我国审判资格泛化的问题，使法官群体有了更鲜明的标准和特征并走向精英化，对法官职业尊荣感的提升具有极大的促进作用。

具体到每个法官个体，员额制改变了法官在中国语境中的具体指向，它本质上是一个审判工作的岗位，在岗即拥有代表国家行使审判权的资格。它既不与行政职级对应，与法官评级也没有直接联系。所谓进入员额，是指获得依法代表国家行使审判权的工作岗位和资格。而员额法官退出则指的是因审判质效未达标、严重违反法官职业伦理、身体或精神状况出现严重问题、晋升或调离等无法继续从事审判工作，经相关权力主体审查并批准，员额法官失去审判岗位和资格的过程。

（二）员额制改革的主要目标

有学者提出"要将'让优秀法官受惠'作为法官员额制改革一以贯之的逻辑目标"[①]；也有学者将研究的焦点放在员额的数量和占司法人员队伍的比例上，提出"有关部门在未来进一步完善司法改革方案时，有必要适当提高法官检察官员额制改革的比例"[②]。这些讨论实际上都偏离了员额制改革设定的主要目标。

员额制改革的第一层次目标被表述为"法官员额制所应当破除的是法官职业行政化的制度情境，实现法官身份的'去行政化'"[③]。去行政化目标又可被具体分为两个方面的内容：一方面是通过去行政化，将法官与其他国家公务员区别开，大幅度提高法官的职业待遇和职业保障，以此体现法官群体在法律职业共同体中的地位和权威，借此提升法官的职业尊荣感。这样做既可以保证法官群体的稳定性，也可以促使法官群体用更高的职业伦理标准进行自我约束和管理。另一方面是在司法去行政化、法官职业化改革后，跳脱出行政化的国家公务员考核与管理体系，为法官的工作设置一套更为科学的评鉴和监督机制。去行政化使得对员额法官的管理从一般国家公务员管理体系中独立出来，改变了部分司法人员自认为捧着"铁饭碗"不思进取，但管理体制又对其无法实现有效约束或激励的状况。虽然我国的法官并非终身任职，但实际上原有的管理

---

① 刘斌：《从法官"离职"现象看法官员额制改革的制度逻辑》，载《法学》2015 年第 10 期，第 47 页。

② 陈永生、白冰：《法官、检察官员额制改革的限度》，载《比较法研究》2016 年第 2 期，第 48 页。

③ 丰霏：《法官员额制的改革目标与策略》，载《当代法学》2015 年第 5 期，第 148 页。

体制对于产生职业懈怠、没有进取心的人员是无法实现有效制约和激励的。终身任职或任职缺乏必要的监督和制约对司法职业存在诸多消极影响，波斯纳法官非常客观地指出：无论是在学界还是在司法部门，终身任职都保证了其独立性，但也会引发滥权，因为它消除了对任何卸职行为的惩罚①。无论是从世界范围内法官管理的发展趋势来看，还是从我国法官队伍的整体状况来看，都不可能再沿用法官一经任命，除非有违法犯罪事项，不然都不会被免去法官资格的制度。法官管理的去行政化意味着对员额法官的国家公务员身份沿用行政化的管理方式，而对员额法官的审判岗位和资格则改为用专业化、专门化的管理方式。

员额制改革的第二层次目标是保证司法资源配置的合理性和司法行为的高效率。员额制实施的时间并不长，但员额制实施之前很多地方司法改革中试点的动态式主审法官制度②，其实质都是希望通过设置审判工作岗位的方式，对审判工作实现动态管理，以达到提高审判质效的目的，而员额制改革在这方面做得更为系统和彻底。员额制在司法资源配置效率方面的作用在实践中是通过将法院工作人员进行了两次重要的划分实现的：第一次划分是将法院工作人员分为员额法官、司法辅助人员和司法行政人员；第二次划分是将法院工作人员进行分层，通过以审判为中心的改革，使得在法院的人才队伍中，员额法官、司法辅助人员、司法行政人员等不同工作岗位进入一个价值序列。通过两次划分管理，实现了工作岗位相对价值的比较，明确了员额法官在审判业务中不容置疑的核心位置。

二、员额法官退出制度的功能预设

构建员额法官退出制度的意义和目的总体来说有两个方面：一方面是在充分尊重员额法官独立办案权的基础上，设置必要的司法权监督和制约机制；另一方面是对员额法官自身职业权利的维护和保障，为员额法官设置退出审判工作、实现职业流转的渠道和机制，充分保障员额法官作为法律专业人士的职业权利。具体来看，员额法官退出制度的功能预设主要有以下四个方面：

---

① ［美］理查德·波斯纳：《法官如何思考》，苏力译，北京大学出版社 2009 年版，第 147 页。

② 相关情况可参见梁平、陈奎：《法院改革的理论探索与地方实践：基于河北法院的考察》，人民出版社 2015 年版，第 93~95 页。

首先，通过对员额法官实行动态管理，对员额法官形成反向制度激励，防止不作为，实现员额法官队伍的优胜劣汰和更新换代，保持员额法官队伍的活力，激发员额法官队伍的工作热情，保证员额法官队伍在法律实践水平提升方面不断地探索和前进，促进员额法官队伍整体司法能力水平的不断提升。员额制实施前，"法官的激励机制在中国和一般公务员同样大致有三种，即行政升迁、经济奖励和精神鼓舞"①。员额制实施后，在薪酬和职业尊荣感方面对员额法官的正向激励有所加强，但正向激励只能激励勤勉工作的人员更加努力地工作，对于不作为的人员是无法形成有效激励或限制的，因此有必要设计一套对法官可以形成反向激励的制度，来保证其可以完成员额法官基本的工作任务。

其次，为员额法官设置一套以评价审判质效为核心的职业评价标准，以此促进员额法官提升专业知识水平和审判技艺水准，进而提高司法产品的质量。过往评价法官的方法要么过于空泛、缺乏说服力，要么过于依赖数字化标准，难以体现法官审判工作的真正逻辑和特点。评价员额法官的标准应涵盖审判案件的数量和质效：对于标准化程度较高的审判工作，应该设定最低的数量化标准；对于复杂程度高、较为疑难的案件，应该考察其审判质量和效果。综合地说，即对员额法官应采取"案件数量＋审判质量＋特殊案件审判效果"的综合评价标准，不符合综合评价标准的员额法官则应退出。

再次，员额法官退出制度维护了员额法官的正当权益和专业权威，也为员额法官设置了履职保障，保证非因法定原因非经法定程序不得辞退、开除员额法官或剥夺其审判资格。通过建立健全员额法官退出制度，对员额法官退出的标准和程序等作出明确的法律规定，以立法的形式规范员额法官退出的全过程，保证决定员额法官退出的权力不会被滥用，达到全面保护员额法官履职行为不被不当干预的目的。

最后，员额法官退出制度为员额法官的职业流转提供了畅通的渠道。从员额制实施一年的情况来看，确实存在员额法官难以承受审判工作的压力而主动申请退出员额的情况，还存在部分员额法官有上进的动力和能力，但因无行政职级方面的上升空间，而申请调入其他党政机关从事公职律师等工作的情况。为了回应这部分员额法官个人职业选择的意愿，也应为其提供一条明确、便捷的员额法官退出渠道。

---

① 王亚新：《司法成本与司法效率——中国法院的财政保障与法官激励》，载景汉朝：《司法成本与司法效率实证研究》，中国政法大学出版社 2010 年版，第 11 页。

三、员额法官退出制度的基本逻辑

目前我国的法治意识形态建设走的是"由司法认同到法治认同的法治建构"[①] 的道路，而司法认同的重要内涵就是社会公众和法律职业共同体对法官崇高地位和权威的认同。法官员额制改革不应当作为考核某个法官资质的机制，也不应当作为法官单独序列利益增收的一种铺垫，而是应当作为一种法官身份的确认和认同制度[②]。进行员额制改革的目的之一就是要保证法官的审判免受来自司法系统内外的不当干预，实现依法独立行使审判权。但这并不意味着法官的履职行为是不受限制的。法官的履职行为不受限制既不符合权力相互监督和制约的政治体系构建的基本原理，也不符合社会生活和政治生活的现实。法官员额制在确认员额法官崇高的社会地位和专业权威的同时，也赋予了其巨大的使命和责任。因此，我国的员额法官退出不能像美国等西方国家一样仅仅设定一般的底线式标准，而应该建立的是能够在及时实施审判岗位和资格综合评价后，不适格人员即失去岗位和资格的员额法官退出机制。

有观点认为员额法官退出是末位淘汰制在员额法官管理中的应用[③]，但实际上，无论从评价标准还是评价方式和程序来看，员额法官退出制度都与一般人事管理制度中的末位淘汰制有非常大的区别。必须强调的是，员额法官退出制度不是法官绩效考核末尾淘汰制。在员额法官退出制度的建构中，必须谨慎地避免末尾淘汰制注重数量化考核的弊病，因为数量化考核的方式极易使得员额法官退出制度被狭隘化。现有关于员额法官退出制度的讨论较多地强调"不办案即退出"，这种情况极易导致对员额法官退出的探讨聚焦于办案数量是否达标的问题上。实际上员额法官退出制度是一个全面、系统的制度体系，其整合了员额制改革后对员额法官在审判工作、司法职业伦理、司法作风等方面的要求，对破解数量化考核思维带来的数据为王的错误倾向，减少入额后员额法

[①] 李鑫：《司法认同的形成逻辑及强化机制研究》，载《长春大学学报》2017 年第 7 期，第 81 页。

[②] 王根财：《员额制改革与法院绩效管理——兼论审判绩效管理的理念及其可操作化》，载李浩：《员额制、司法责任制改革与司法的现代化》，法律出版社 2017 年版，第 412 页。

[③] 相关研究可参见贾路：《司法背景下完善法官员额退出机制研究——以 S 省法院为例》，载贺荣：《深化司法改革与行政审判实践研究（上）——全国法院第 28 届学术讨论会获奖论文集》，人民法院出版社 2017 年版，第 310~312 页。

官可能产生的惰性思维，畅通司法人员分类管理后法院内不同类别职业之间的流转，都有着十分重要的意义。

员额制实施后，员额法官在法院内的地位、工资待遇等保障方面明显优于法院其他类别的工作人员。这一方面会促使法官助理、书记员、司法行政人员等在符合条件的情况下积极申请入额，但另一方面因员额数量有限，部分地区法院人数众多，竞争十分激烈，可能导致很多优秀的法官助理等希望入额的人员通过多次遴选都无法入额，心中难免有一些情绪，并可能将其带入工作。因此，必须设置规范的员额法官退出机制，既给员额法官以制约，又给努力申请入额的人员以实现职业转换的希望。

四、员额法官退出的制度构建

（一）决定员额法官退出的主体

在对员额法官退出决定权的行使主体问题的讨论中，主要有三种观点：第一种观点认为应由法官遴选（惩戒）委员会决定员额法官的退出。员额法官因年度考评不合格或个人原因等需退出员额的，"经法官遴选委员会确认不能胜任或不适宜继续留任法官岗位的，应退出员额并免去其法官职务"[1]。持此种观点的以学者居多[2]，主要理由是为了保持员额法官遴选、评鉴、惩戒和退出等不同环节中评价标准的统一性和延续性。第二种观点认为应设立员额法官的同行评价委员会，由委员会决定员额法官的审判质效是否达标，并提出退出建议。此种观点主要是效仿美国各州开始建立特别委员会，通常由法官组成，负责管理法官行为的做法[3]。但由同行之间进行评价，尤其是进行事关审判资格的评价，很可能因为同情心和同理心而尽可能作出合格的评价，以保证被评价的同行保住饭碗。第三种观点认为应由高级人民法院法官管理机构统筹辖域内法官的退出工作。法院"人财物省级统管"改革实施后，在部分高级人民法院

①　曾竞、王启亮、樊强：《员额制改革风险的防控与疏解》，载王禄生：《员额制与司法改革实证研究：现状、困境和展望》，东南大学出版社 2017 年版，第 214 页。

②　较有代表性的研究参见陶杨、赫欣：《隐忧与出路：关于法官员额制的思考——基于 A 省 B 市 C 区法院员额制改革的实证分析》，载《政治与法律》2017 年第 1 期，第 24~36 页。

③　最高人民法院中国应用法学研究所：《美英德法四国司法制度概况》，韩苏琳编译，人民法院出版社 2008 年版，第 89 页。

内增设了法官管理处，负责辖域内所有员额法官的选拔、培训等工作。在未进行内设机构调整的高级人民法院，政治部不仅需要负责高级人民法院员额法官的管理工作，还需要负责或指导辖区内所有员额法官的选任、培训等工作。部分试点省份对于员额法官退出采取的是由退出人员所在单位提出并评估，并逐级上报至高级人民法院员额法官管理部门，由其最终决定的做法①。

在考虑应该将员额法官退出的决定权赋予哪个组织时，考量的因素主要有四个方面：首先，享有决定权后是否有滥用权力、妨碍法官依法独立行使审判权的可能或危险。其次，是否足够了解审判工作的内在规律和特征。再次，是否有足够的权威可以使其决定能够被社会公众和被评判的法官群体所信服②。最后，从分权和制衡的角度看，员额法官的惩戒和退出等程序应完全在司法部门中运作，但如果要有效地运作并保持公众的信心，其就应免受司法部门的影响或干预。即享有决定权的主体应具备足够的独立性，以此维护其决定的公信力。

综合以上四个方面因素的影响，将决定员额法官退出的权力赋予法官检察官遴选（惩戒）委员会应是目前的最佳方案，理由主要有三个：第一，保证了法官管理中法官职业评价标准和方法的延续性和一致性。第二，独立于法院的委员会机构保证了员额法官退出程序不会复归至原有依赖于国家公务员管理体制，有效避免了法官管理的行政化。第三，法官检察官遴选（惩戒）委员会的委员来自法官、官员、律师、社会公众等不同群体，代表社会公众和政治生活中的各个阶层，保证了员额法官退出过程的政治公共性。

（二）员额法官退出的原因

1. 与司法审判、审判管理、审判监督工作相关的原因

经过几轮司法改革对于法官考核制度的探索，理论界与实务界都已达成基本共识，就是不宜对法官的工作采取绝对数量化的考核，也不宜将案件的数量作为法官评优评先、评定薪资待遇和职务晋升的决定性因素。但是，无论哪一种职业，缺乏必要的监督和制约，缺乏职业进取心的人员都可能在工作中有所懈怠，可见，不设置必要的工作评价标准也是不合理的。可以在综合考量法官

---

① 相关情况可参见时婷婷：《江苏出台员额检察官退出管理办法》，《民主与法制时报》2017 年 6 月 10 日。

② 怀效锋：《法院与法官》，法律出版社 2006 年版，第 552 页。

办案数量、质量、效果等因素的前提下，对法官进行专业化的评鉴，将评鉴结果作为评价法官的工作是否合格的标准。直接导致员额法官审判质效评鉴不合格的原因总体上有两个方面：一方面是案件审判数量未达标。员额法官年度审判案件的数量明显低于同法院、同专业领域员额法官的平均办案量，且无合理理由对其进行辩解。另一方面是案件审判质量出现问题或审判程序违法。审判程序违法主要包含三种情况：第一，未能在庭审中依法保障各方诉讼参与人的合法权益，未能给予各方诉讼参与人充分表达自身主张的机会；第二，员额法官与诉讼参与人有重大利益冲突或利益关联，或表现出了明显的偏私，应当回避而没有回避；第三，对诉讼参与人粗暴无礼，明显违背司法礼仪的基本要求。个别员额法官担任法院庭长或承担其他审判管理和审判监督职责，在履职过程中因故意或重大过失导致审判工作中出现严重错误。这一方面说明其在审判管理和审判监督中有失职行为，另一方面也说明员额法官对审判工作的理解和认识甚至是职业精神出现了较为严重的问题，因此，应使其退出员额。

2. 员额法官个人原因

第一，员额法官被追责。员额法官违反国家关于公职人员行为的规范，被纪检监察等部门启动的追责程序确定有违法或违纪行为而依法被追责，并被判决有罪或被开除公职，失去国家公务员身份。员额法官违反《中华人民共和国法官法》《中华人民共和国法官职业道德基本准则》等法律和规范性文件中有关法官职业伦理的要求，有影响恶劣的违反审判伦理或不检点的个人业外活动等，被问责或惩戒。员额法官的配偶或子女从事律师、司法鉴定、司法拍卖等工作，且不愿意离开相关行业，员额法官应退出，即最高人民法院印发的《关于落实任职回避制度的实施方案》中规定的"法官单方退出"[1]。

第二，员额法官健康状况出现问题。员额法官因个人精神、身体状况等已对法官引导审判过程或考虑证据等产生消极的影响，不再适合履行审判工作的具体职责，但又未主动提出退出员额，此种情况应列入被动退出员额的原因之一。法院应指定具有一定资质的医疗机构对拟退出的员额法官的精神或身体状况作出全面的评估，并对其恢复健康的可能性和时间作出预判。

第三，员额法官达到法定退休年龄。虽然学界已有诸多关于延迟法官退休

---

① 相关研究可参见林国强：《员额检察官单方退出需解决好三个问题》，载《人民检察》2016年第23期，第77页。

年龄的倡议①，但受制于国家公务员现有的管理体制和保持司法人才队伍工作活力的现实需求，延迟法官退休年龄的做法还无法真正在我国落地。因此，达到退休年龄依然是员额法官退出的法定原因之一。

第四，员额法官通过遴选到上级法院工作。如前文所述，员额的实质是审判工作的岗位和资格，而且作为工作岗位的员额是分配给具体某个法院的，即使是在同一省份或司法辖域，目前都还无法实现员额法官带着员额身份在法院系统内流动。如果员额法官通过遴选到上级法院工作，还是需要先退出本院员额，再在新的工作单位重新申请入额。

员额法官还会因辞职、难以承受工作压力等个人原因，主动申请退出。

3. 确定和适用员额法官退出原因中应注意的问题

首先，以上总结的可能导致员额法官退出的原因，并非其中一个原因出现就会直接导致员额法官退出，而是这些可能导致员额法官退出的原因出现后，则应启动员额法官退出的调查程序。其次，在审判质效不合格标准的适用中，考虑到审判工作确实存在阶段性特征，应至少以一年为期对员额法官审判质效进行评鉴，对年度考核可能无法达标的员额法官，应阶段性地提出预警。再次，以上有些导致员额法官退出的原因，如应当回避而没有回避、对诉讼参与人粗暴无礼等，虽然会严重影响司法、法院、法官在社会公众认知中的权威和公信力，必须引起足够的重视，但这些情况如果仅出现过一次，则可能是偶然性事件，不能将其作为决定员额法官退出的唯一依据。要对这些看似细微的问题建立一个评价机制，如果这些不当行为不再是偶然性的，而是已经成为某一员额法官固定的审判风格和行为模式，或是其不当行为已经产生了一定程度的消极影响，则应启动员额法官退出程序。最后，员额法官退出原因的适用要与员额法官的业绩档案、年度考核结果、第三方评价结果等结合起来，以形成对员额法官全面、客观的评价，并对员额法官退出后的职业流转做好铺垫。

（三）员额法官退出的机制

基于员额法官退出的不同原因，将员额法官退出的程序分成三种：第一

---

① 相关研究可参见兰荣杰：《法官该什么时候退休》，载《方圆》2016年第10期，第4页；刘凤景：《法官退休年龄的省思与再定》，载《学术交流》2017年第1期，第77～81页；谭世贵、王佳：《我国法官退休制度的初步研究》，载《河北法学》2009年第8期，第35～42页。

种，因违反党和国家有关国家公务员管理的法律法规而被追责的，经由纪检监察程序被免去公职或经审判有罪的，由纪检监察部门直接通知拟退出员额法官所在法院，拟退出的决定经由高级人民法院法官管理部门，报送法官检察官遴选（惩戒）委员会审查，最终由相应级别人大常委会批准退出。第二种，法院接到举报员额法官有违法或违纪行为的，应区分被举报事项的性质，如系违反国家公务员一般行为准则，则应由法院内纪检监察部门进行调查，并决定下一步是否上报或移送；如举报事由与审判工作直接相关，则需在提请纪检监察部门进行调查的同时，启动法官惩戒的调查程序。第三种，员额法官因个人原因退出的，应在对法官业绩报告进行审查，确认员额法官完成承办案件的办理或交接后，批准其退出员额。

员额法官退出制度的实施中，应采取员额法官自查和法院员额法官管理部门审查相结合的办法，制作员额法官年度自查清单，员额法官管理部门结合评鉴结果和自查情况决定是否启动员额法官退出程序。拟退出的员额法官对其担任员额法官期间从事审判工作的情况应提交自我总结报告，法院审判管理部门也应出具其任期的审判工作业绩报告。法院对法官员额实行动态监督和系统管理，定期将拟退出员额的情况上报给高级人民法院法官管理部门，由高级人民法院法官管理部门对辖域内员额退出情况进行统筹，并及时通报法官检察官遴选（惩戒）委员会。

五、员额法官退出的相关配套与保障制度

法官员额制改革作为我国人民法院第四轮司法改革的主要抓手，对于我国法治人才队伍的成长有着举足轻重的作用，对于保障法官依法独立行使审判权也有着十分重要的意义。为了保证员额制的实施效果，必须理顺员额制及其相关制度的逻辑关系，建设能够逻辑自洽的员额制管理体系。员额法官退出制度的构建中亟待完善的配套与保障制度主要有以下四个方面。

（一）改革和完善员额法官评鉴机制，为员额法官退出提供科学依据

目前我国的法官评鉴机制主要存在评鉴机制操作性不强、行政化色彩浓

厚、法官真实水平虚化、客观性标准缺失等问题[1]。员额法官退出制度的内核就是将法官评鉴中不适格的人员从员额岗位上调整出去，实现员额法官评鉴、问责、惩戒、退出等程序的衔接，实现对员额法官的系统科学管理。员额法官由于审判质效未达标而被退出的情形中，决定员额法官被退出的主要依据就是员额法官评鉴结果。因此，员额法官评鉴结果的客观性、科学性和权威性将直接影响员额法官退出结果的合理性和公正性。法官评鉴制度的改革和完善应总结过往法官考核和法官评鉴改革试点地区的经验，借鉴吸收域外法官综合评鉴与特定案件评价制度，利用司法大数据技术，并通过人工智能技术在案件管理工作方面的应用，实现对员额法官审判质效的动态监督，建立统一的法官评鉴制度，将评鉴结果作为决定员额法官退出、法官等级晋升、评优评先的依据。员额制实施后，对于法官的评鉴不是评优，而是评差，使不适任者尽早退出法官员额。这是运用短板理论设计的工作机制[2]。基于这种实用主义的思路对法官评鉴制度进行全面的改革，将评鉴的目标调整为识别员额法官队伍中不适格的人员，实现对员额法官的反向激励，保证员额法官队伍的基本工作活力。以此为思路就可以简化法官评鉴制度改革，极大程度地节约审判管理方面的成本。

（二）员额法官退出后的分流和安置

员额法官退出后分流和安置的方向主要有两个：一是从事员额法官之外的工作；二是到其他法院从事员额法官工作。

从事员额法官之外的工作具体分为两种情况：一种是法院内部重新调配和安排，即转任司法辅助人员、司法行政人员等。应通过多种政策鼓励员额法官退出后转任司法辅助人员，以此促进司法辅助人员整体素质的提升。法官是社会的精英阶层，人数极少，因而培养一支人数众多的司法辅助人员队伍是确保法官精英化的前提[3]。一方面要使司法辅助人员成为员额法官审判工作的巨大助力，另一方面还要使司法辅助人员队伍成为员额法官的后备军。此外，要通过畅通员额法官与司法辅助人员之间的转换机制来保持队伍的稳定性与积极性。另一种是向法院外部流动，凭借丰富的法律知识和法律实践经验，

---

① 耿辉东：《对适应新形势下司法改革需要的法官评鉴机制的探索和思考》，载姜平：《上海司法体制改革研究》，法律出版社 2015 年版，第 160~162 页。

② 蔡美鸿：《横琴新区司法改革模式》，法律出版社 2016 年版，第 167 页。

③ 陈陟云、孙文波：《法官员额问题研究》，中国民主法制出版社 2016 年版，第 54 页。

流动到党政机关、事业单位、社会团体等单位从事公职律师、法律顾问等工作。

到其他法院从事员额法官工作具体分为两种情况：一种是建立员额法官退出本院员额后流动到其他地区或其他法院重新进入员额的途径。部分在案件量较多、案件审判难度较高的法院难以胜任员额法官工作的人员，根据组织安排和个人意愿，可以调任案件量较少、案件审判难度较低的法院，通过参加遴选，在司法人才较为缺乏的法院重新进入员额，这就是"法官自由转院模式"[①]。其对国家公务员管理和司法编制的动态控制有着较高的要求，近期全面实现的可能性不大，但因其在为司法人才较为缺乏地区输送审判专业人才、缩小不同地区司法能力差异方面的积极作用，还是值得探索的。另一种是在考虑到员额法官已具备较高的法律专业水平的前提下，如退出原因并非违法或违反法官职业道德，则可以让其流动到审判工作难度相对较小的速裁法庭、家事法庭等审判岗位继续从事审判工作。这样，一方面使得司法人才队伍中不同层次、不同类型的人才都能够人尽其才，另一方面则可以回应基层一线审判工作对于高水平审判人才的现实需求。

（三）被退出人员的权利救济机制和渠道

为了保障被退出人员的合法权益和法官管理制度的公平性，应该通过设立一个具有权威性、独立性的机构来保障被退出人员的权利，给予被退出人员申诉和陈述的机会。这个机构可以是单一功能型的，设立专门的法官申诉委员会，负责受理、调查、审查法官对于惩戒、退出等的申诉；也可以是复合功能型的，如上海的司法改革试点中设立的"维权办"就具有认真听取法官复议、申诉申请的陈述的职责[②]。法官检察官遴选（惩戒）委员会在作出决定后，应将决定进行公告，并按照相关规定为被退出人员提供足够的提出申诉请求及相关证据的时间。被退出人员的申诉可以通过书面材料或经申请召开听证会的方式实现。如果申诉委员会决定对申诉情况进行实质调查或召开听证会，则员额法官退出程序应暂停。

---

① 相关研究可参见田源：《铁打的"员额"流水的"官"——司改浪潮激荡下"法官自由转院"模式之构建》，载《法治论坛》2016 年第 1 期，第 223～235 页。

② 姜平：《上海司法体制改革制度选编》，法律出版社 2015 年版，第 124 页。

（四）员额法官转任司法辅助人员、司法行政人员后职级待遇的转换

员额法官退出后，员额法官身份不再保留，职级待遇、考核和晋升等应按照转任岗位的相关标准执行[1]。员额法官退出后若留在法院内转任司法辅助人员、司法行政人员，转任后的定级定岗应与员额法官的法官等级科学、合理地对应起来。有地方法院在人员分类管理改革试点中提出，法官交流到法院审判辅助岗位和司法行政岗位以及其他单位综合管理类岗位，按以下规定确定职务：三级高级法官最高确定为正处级职务，四级高级法官最高确定为副处级职务；一级法官最高确定为正科级职务，二级法官最高确定为副科级职务，三级法官以下确定为科员。各职级的任职时间按交流前法官等级的任职时间计算，确定为科员级别的，按任法官时间计算任职时间[2]。但这种在岗位交流情况下的职级转换并未考虑到员额法官因审判质效未达标、违反司法职业伦理等问题退出员额的情况。在这种因能力或职业伦理不适格而退出员额的情况下，应在不同序列的职级转换中，视情况做降级处理。在员额法官转任司法辅助人员或流转到其他行政机关后，其实现职级待遇的转换受制于转任后岗位职级评定的条件、编制、职数等因素，转任后无法实现职级的全面对应和转换等问题则还有待于政法系统协同组织、人事、财政等机关共同协商制定相应办法。

六、结语

苏永钦教授有言：所有的人事管理都不是为管理而管理，管理的主要目的在于提高工作效率，工作本身又有其目的。作为司法权的主要构成者，法官工作的主要目的在于落实国家司法权，而司法权的目的又在于实现人民的诉讼权与国家的刑罚权，维持一个稳定的法律秩序[3]。员额法官退出制度的构建和实

---

① 相关研究可参见黎莎：《何去何从：法院人员分类改革背景下综合部门年轻（准）法官的困境与出路——以 C 市 10 个基层法院为对象的实证研究》，载沈德咏：《全面深化司法改革促进司法公正》，人民法院出版社 2016 年版，第 83～96 页。

② 江必新：《审判人员职能配置与分类管理研究》，中国法制出版社 2016 年版，第 211 页。

③ 苏永钦：《司法改革的再改革——从人民的角度看问题，用社会科学的方法解决问题》，月旦出版社 1998 年版，第 368 页。

施都不应偏离保障司法权运行、保障社会公众诉讼权、保障员额法官依法履职等根本目标。法官员额制已全面实施，但法官员额制实施后可能形成的系统性影响目前还未充分显现，而员额法官退出制度对我国司法体制和法官队伍可能产生的影响还有待制度全面实施后才能够客观评价和总结。

多维视角下法官的多重角色设定[*]

从不同角度看待法官，对法官概念的界定会有很大的差异。简单地说，法官就是一种职业；但放在国家法治建设进程中，法官就具有符号化意义；而将法官放在司法系统的运作中，我们看到的则是一个既体现法律职业属性，又体现社会人属性的法官。《牛津法律大辞典》从法官的社会功能角度，对法官的界定简单且直接：法官是对一类人的总称，其职责是对纠纷和其他提交法院的事情作出裁决①。而我国《法官法》则从法院体系内法官的范围角度，将法官界定为依法行使国家审判权的审判人员，包括最高人民法院、地方各级人民法院和军事法院等专门人民法院的院长、副院长、审判委员会委员、庭长、副庭长、审判员和助理审判员。理论上，对于法官的界定达成的基本共识是：法官是纠纷解决者而不是政治家；法官是专业司法官而不是公务员；法官是庭审主持者而不是当事人；法官是事实判断者而不是亲历者；法官是法律适用者或者判例制造者，不是法学家和立法者②。看待法官的角度有很多，本文选取以下几个角度去阐释对法官的界定，是因为这几个角度与法官选任和管理制度的联系最为密切，能够成为研究法官选任标准、选任程序的基础。需要说明的是，

---

* 原刊载于《四川大学法律评论》2018 年第 1 期，此次整理有修订。

① ［英］戴维·M. 沃克：《牛津法律大辞典》，李双元等译，法律出版社 2003 年版，第 610～611 页。

② 陆而启：《法官角色论——从社会、组织和诉讼场域的审视》，法律出版社 2009 年版，第 40 页。

每个角度看待法官的侧重点虽有不同，展现出的法官的内涵和特点也不尽一致，但法官的存在都是以其法律职业的属性为基础的。

一、法官的自然人属性、社会人属性和法律人属性

要全面地看待法官，就要注意法官身上的自然人属性、社会人属性、法律人属性对其司法行为产生的不同影响。

法官的自然人属性主要是指法官首先是普通人，在其身上具有普通人的优点和不足之处，这是认识法官及其司法行为中最基本的事实[①]。法官的自然人属性包括法官的家庭情况、成长背景、性格特征、思维方式等，法官的职业活动会潜意识地先满足自身正当的自然人属性的要求，并功利地重点考虑职业是否足够安身立命、养家糊口。司法过程中，当案件的审判程序开始时，法官是案件事实的"无知者"，法官对案件的判决结果并不会有太多预设；而随着案件审理过程的推进，法官就开始作出若干基于自身知识等背景的判断。这些判断或多或少会带有法官的个人情感或倾向，而法官对此可能是无意识的，甚至是想尽力避免的；而且这些个人情感或倾向在其他法律职业人，如法学专家或律师等身上也是同样存在的。但必须要承认的是，由于法官各自的智力、理解力、注意力水平不同，以及其他实际的精神和感情方面的个性，不同的法官在听审或观察当事人的时候也会有不同的表现[②]。这些法官在庭审中表现出的细小的差异，汇集后就会造成案件审判过程和结果的差别。法官在进行司法活动时，司法活动较为严格的程序性（甚至有时是仪式性）要求掩盖了法官的这些个性，而公众实际上也更倾向于相信法官的司法行为不会受到法官自然人属性的影响。很多西方法治意识形态的宣扬中都试图掩盖法官的自然人属性，而我们在具体讨论法官制度的改革时，必须先摒弃这种"法官神话"，认识到法官如所有人一般，可能存在人类固有的性格、情感等缺陷，并可能会产生无意识的偏见。只有承认这些，才能寻找到在制度上弥补这种源于人性的缺陷、克服人的偏见的正确方式。

法官的社会人属性是强调每一个法官的社会背景都是有区别的，如果说法

---

① ［美］杰罗姆·弗兰克：《初审法院——美国司法中的神话与现实》，赵承寿译，中国政法大学出版社 2007 年版，第 157 页。

② ［美］杰罗姆·弗兰克：《初审法院——美国司法中的神话与现实》，赵承寿译，中国政法大学出版社 2007 年版，第 164 页。

律是一种平衡社会中各种利益、协调利益冲突的机制，那么法官的政治倾向、经济状况、宗教信仰等社会背景因素都会影响法官对法律这种重要社会利益协调、平衡机制的理解。法官是生活在社会网络之中的，这个网络有三层：法院内部人际关系网络、法官与上下级法官以及检察官和警察之间的人际关系网络、法官的日常生活人际关系网络①。有学者提出"法官的孤独是一种具有高度自主性的美好品德"②，意在说明法官最好不与其他社会成员建立联系，才能完成公正的审判。法官作为社会中的一员，在社会活动和社会交往过程中，其关系网络中的其他社会成员也会将自己有关政治、经济、文化等的观点和看法传递给法官。如果一个案件和社会中的经济、政治、文化等因素密切相关，而且对这个问题的法律专业判断是暂无定论的，那么法官对案件相关问题的看法就必然会影响到案件的审判过程和结果。

法官的法律人属性强调的是每一个法律人对法律规范的解释和概括都可能不同。我们必须承认，法律人适用法律的过程并非机械性的，即使我们希望是，并且通过很多手段严格规范法律适用的过程，但因法律人主体差异而造成的对法律和案件的认识的差异都是现实存在的。还有另外一个因素会降低法官司法行为的不确定性和差异性，那就是法官作为法律人会随着职业生涯的不断推进而变得更加审慎和克制。司法实践中，法官的心理是在能动和克制之间不断挣扎、变化的，而成熟的法官的司法策略通常又会变得比较中庸，从而降低个人因素和社会因素对司法行为的影响。司法实务界普遍认为，虽然法官的审案、判案过程是独立进行的，但司法系统内部是存在一种可预测的统一性的③。这种统一性既是一种体制的力量，也是对作为法律人和司法体系内部一员的法官的重要约束。法官既是指某名具体的法官，也是指一个体现某些职业特性的群体，而当法官在这种法律职业共同体内部时，单个法官出现的偏见是可能会被其他法官所纠正的，而法官之间存在的差异也可能会被抵消④。这在一定程度上可以说明，法官自然人属性、社会人属性和法律人属性三种特性的冲突、协调和整合应该是在法律体系内完成的，应该是通过制度或先例的约束

①　兰荣杰：《把法官当"人"看——兼论程序失灵现象及其补救》，载《法制与社会发展》2011年第5期，第8页。

②　武建敏：《孤独的法官与法官的孤独——法官的自主性研究》，载《河北法学》2008年第2期，第69页。

③　[美] 杰罗姆·弗兰克：《初审法院——美国司法中的神话与现实》，赵承寿译，中国政法大学出版社2007年版，第160页。

④　[美] 本杰明·卡多佐：《司法过程的性质》，苏力译，商务印书馆2000年版，第70~72页。

力实现的。任何法治国家的司法体系都不可能允许法官的个人观念和态度取代国家的立法意图和司法目的，法官的法律人属性体现在他们的自然人属性和社会人属性必须受到国家立法意图和司法程序的约束。法官的自然人属性、社会人属性、法律人属性三者如果发生冲突，法律人角色受到的刚性约束最多。法官职业是需要强调克服法官的自然人属性和社会人属性的，因为法官的职业行为会影响社会各方利益的分配，是公共性的。法官的司法行为始终是在国家的制度体系中完成的，是受多种力量制衡的。

二、法律职业共同体内外的法官

我们可以从两种不同的视角看待法官：一种是从法律职业共同体外部的视角看待作为一类职业总称的法官；另一种是从法律职业共同体内部的视角看待作为一种法律职业，存在许多不同类型的法官。

从法律职业共同体外部（或者说法律体系外部）的视角看待法官主要是指公众对于法官的看法。公众普遍将法官作为"一个非人格化的抽象符号"[①]，认定其具有公正、无私、正直的品格和高超、娴熟的法律技艺，将其当作法治、司法的代言人。但实质上，法官不仅是法律专业人士，还是社会中的普通一员，有自身脾气秉性、人格欲望，也有自己的社会关系，还有基于自身特性的理想和追求。"法官首先不是自动售货机，是而且必须是有利益追求、兴趣爱好、性格特点和能动性的人。"[②] 法官的司法决策不仅会受其自身个性化因素的影响，而且还可能或多或少地受到媒体[③]、公众意见[④]等因素的影响。公众对于法官抱有期待，认为其可以坚持正义，秉公判案，这没有错，但也必须明确"我们对法律和法官的期待并不是因为法律和法官的无所不能"[⑤]。公众对法官的关注和期望，无论是职业技能方面的，还是职业道德方面的，都要远

---

① 顾培东：《再论人民法院审判权运行机制的构建》，载《中国法学》2014年第5期，第293页。

② 苏力：《经验地理解法官的思维和行为》，载［美］理查德·波斯纳：《法官如何思考》，苏力译，北京大学出版社2009年版，译者序第3页。

③ 相关研究可参见顾培东：《论对司法的传媒监督》，载《法学研究》1999年第6期，第17～29页。

④ 相关研究可参见顾培东：《公众判意的法理解析——对许霆案的延伸思考》，载《中国法学》2008年第4期，第167～178页。

⑤ 李鑫：《影响司法审判的因素——以普通法的视角》，载《四川教育学院学报》2010年第7期，第46页。

高于其他法律职业。这有两方面的原因：一方面，随着国家治理能力和治理体系现代化进程的不断推进，法院在社会治理中的功能和地位得以确立，这就使得法官作为社会纠纷的终局裁定者角色更加明确。而且，随着提交法院的纠纷案件数量的日益增多，法官所能影响和改变的利益分配格局日益扩大，这就使得公众希望法官能够有足够的专业知识和职业道德来担负这些使命。另一方面，在很多场域，公众是将法官视为法治的具体化身的。在公众的视野中，法官能获得这样的地位有四方面的原因：其一，法官的地位中立，在司法解决纠纷的过程中，面对各种利益的冲突，态度是比较超然的。因为这种态度，法官在社会道德上处于较高的地位，就不会像检察官或律师那样，因为较明显的利益倾向而在道德方面饱受批评①。其二，法官相较于其他法律职业更加具有明星效应。一些疑难案件、社会热点案件，法官因在案件审判过程中卓越的表现而成为公众和舆论关注的焦点是极为普遍的现象②，法官就比较容易成为法律职业共同体中最为公众熟知和关注的对象。其三，法官有着较为严格的职业规范，职业形象因法袍、法槌等象征性因素的存在也比较固定和明确，容易被公众记住和识别。其四，近二三十年来，"司法为民""接近司法"等司法政策使得司法、法院，尤其是法官与公众的距离被拉近了许多，法官成为基层社会纠纷解决中的新权威，在一定范围内获得了较高的社会威望。基于以上四方面原因，法官是法治体系内影响力最大、形象最为严谨、接触面最为广泛的法律职业人，也是最容易被"符号化"的法律职业人。法官成为法治或司法具有权威性和较大影响力的代表后，一个问题就会被提出来：公众对法官产生畏惧和信仰是否等同于公众对法律产生畏惧和信仰？③ 要回答这个问题，就必须厘清公众视野中法官在法治体系中的正确定位。法律需要被信仰，就必须让公众有明确的可以关注、信任，甚至是崇拜的对象。在法律职业共同体内部，法官具备这样的专业地位和社会影响力，唯一需要考虑的就是给予法官在法律职业共同体内较高的地位是否恰当，是否会滋生腐败。这就必须提到法官的一个特点，即法官会为了寻求更大的权力而努力，但同时法官也是最知道权力制约和监督

---

① 相关研究可参见［美］安吉娜·J. 戴维斯：《专横的正义：美国检察官的权力》，李昌林、陈川陵译，中国法制出版社 2012 年版，第 6～19 页；［美］安东尼·T. 克罗曼：《迷失的律师：法律职业理想的衰落》，田凤常译，法律出版社 2010 年版，第 189～207 页。

② 李鑫：《实用主义方法论：主张、成就及不足》，载《兰州大学学报（社会科学版）》2014 年第6 期，第 85～86 页。

③ ［意］切萨雷·贝卡利亚：《论犯罪与刑罚（增编本）》，黄风译，北京大学出版社 2014 年版，第 120 页。

的存在的，因此职业法官的行为都极为谨慎，对其进行充分的授权，将其塑造成法治的代表性人物起码是风险最小的。

从法律职业共同体内部（或者说法律体系内部）的视角看待法官时，一方面是强调要注意法官是作为法律职业共同体的一员而成为法官群体的一员的，法官具有法律职业人的基本特征，掌握了一套系统的法律知识和法律话语，具备和其他法律职业人交流和沟通的基础。另一方面则要把法官的司法决策行为还原到某一国的具体法律制度体系和司法体系当中，在具体的制度环境中考察法官及其司法决策行为。例如，在大陆法系国家，法官属于公务员体系，成文法体系赋予其的司法权主要是法律适用，比较注重法律适用的逻辑和形式；而在英美法系国家，法官大多是在有较长时间的律师执业经验（还有少部分具有较高教职）后才被选任为法官，相对于大陆法系国家的法官来说，法官数量少，社会实践经验和法律外知识较为丰富。在法官的社会地位方面，在大陆法系国家，法官职业被认为是行政文职里的一种特殊职业形态；而在英美法系国家，法官职业则被认为是法律职业人所能达到的职业巅峰①。大陆法系和英美法系国家法官选任制度与法官所处制度环境的巨大差异提醒我们：在讨论法官制度中的问题时，必须预设法官存在的制度环境。我国目前的法官选任制度比较类似于大陆法系，但法官制度改革的许多具体措施，如员额制、分类管理等，却比较靠近美国的法官制度。我们的法官制度改革不能片面强调博采众家之长，而是要将问题放置在我国的法律体制、司法环境中。

三、法律的适用者、解释者、创造者

法律的适用者是法官的基本角色。法官的基本功能定位是对法律进行适用，以便能够对案件作出合法的、正确的裁判。19 世纪的法学家基本都认为法官的主要工作是搜寻和发现法律，法官应该严格恪守司法被动性的原则，不作出任何主动性的决议②，政治体系内部权力分立、制衡的原则也要求法官不能抢夺立法者的权力。虽然进入 20 世纪后，随着实用主义法学流派的逐渐发展，法官在创造规范和进行立法审查方面的作用被提出和放大（甚至有夸大之

---

① ［斯洛伐克］简·斯瓦克：《斯洛伐克的司法机构和法官的权力》，贺小丽、赵思宁译，法律出版社 2012 年版，第 12 页。

② 相关研究可参见［美］汉密尔顿、［美］杰伊、［美］麦迪逊：《联邦党人文集》，程逢如、在汉、舒逊译，商务印书馆 1980 年版，第 452~458 页。

嫌），但不可动摇的是，法官首先是法律的适用者。法律的适用作为法律实施的最终环节，关乎法律实施的实际效果。法律的适用过程从技术角度看是一个法官寻找与特定案件相匹配的法律规范的过程，同时更是一个"揭示着一定静止状态的法律与复杂变化的社会之间的紧张关系"① 的过程。从这个角度看，法律适用和法律的制定同样重要，法官在这个环节中拥有专属性的裁量权。法官自由裁量行为中包含了对现有法律规范的寻找和适用，也包含了法官结合国家政策、社会风俗、交易习惯等因素对案件的综合考量。法律的适用过程不是要求法官机械地适用法律，法律条文的不确定性和模糊性只有通过法官的具体适用才能消解，因此法官的适用者角色是较为灵活的，是不大可能被固定的电脑程序或数字模型所替代的。法官的适用者角色也必须受到多方面的约束。一方面，法官的自由裁量权受到现有法律规范、法律原则的约束；另一方面，在个案的裁判中，要求法官根据案件的特性，在适用法律的过程中进行适当的改变。

法律的解释者是法官的法律适用者角色的延伸。无论法律体系更新的速度有多快，都无法赶上社会现实的变化，而通过恰当的法律解释可以使法律体系在一定时期内保持稳定性和适应性。法律解释的权力可以按权力的范围分为两种：一种是统一性的法律解释，指的是最高人民法院进行的权威的、具备广泛约束力的、能够促进法律的完善、依照法定程序完成的法律解释；另一种是在个案中，法官依照自身对法律的理解和案件审判的具体需要，对案件相关的法律作出的解释和说明。可见，法官只是有权进行法律解释的主体之一，但由法院和法官主导进行法律解释已经成为世界法律解释权配置的基本规律②。法官能够成为司法实践中法律解释权力的享有者主要有三个原因：从职业能力角度看，法官具备法律解释所需要的法律知识和法律逻辑推理能力；从职业需求看，法官是案件事实客观、中立的观察者，熟知案件的法律适用需求；从职业体系中权力分配的关系看，法官要维持中立的职业立场和司法权的依法独立行使，就必须形成独立的、自主的对法律内涵的判断。法律需要解释最主要的原因是在法律适用过程中产生了对法律条文理解的模糊或分歧，而法律条文的模

① 刘星：《疑难案件中法律适用的理论与实践》，《比较法研究》1994 年第 Z1 期，第 307 页。
② 魏胜强：《法律解释权的配置研究》，北京大学出版社 2013 年版，第 227 页。

糊性和不确定性是只可以被降低而不可能被消除的①，立法者的真实意图经常被法律的模糊性和不确定性所掩盖。另外，法律条文是滞后于社会发展的②，但法律条文又基本上都是为社会的发展留有空间的，法律需要一定的逻辑以与新的社会事实和发展连接起来。这两点原因就是法律解释存在的必要性前提。法律解释的前提是对法律条文已经有了清晰的认识，并对实践中适用法律的需求有了正确的理解。法官的法律适用者角色是法官深刻地理解法律条文的根本动力所在，法官解释法律的权力不像最高人民法院是法律明文规定和授权的，法官解释法律是为了满足司法实践的需要而在司法系统内部生成的。这种实践需要的存在既阐明了法官解释法律的原因，也解决了其合法性问题。法官一方面依照法律的字面含义和逻辑推理解释法律，另一方面则通过探究法律条文中蕴含的价值、目标和宏观的社会政策来解释法律的真实意图。只有经过解释才能将法律规范文字中的真意落到实处③。法律解释的最终目的还是在于要在具体案件中适用法律。法官的法律解释活动是在法律适用提供的平台上进行的。因此，可以说法官的解释者角色是适用者角色的延伸，在执行这个角色的时候，法官的解释必须遵循法治公平、正义的基本精神和司法的基本规律，法官做出的法律解释应当符合法律的统一性、普遍性和稳定性要求。

法律的创造者是法官暂行立法者职能时的角色。一个先进的法律体系一定是在稳定性和开放性之间保持平衡的，很多法律体系都赋予了法官在司法实践中发现无法通过寻找法律、适用法律或依照交易习惯、社会风俗等作出裁判，也不能无依据地自行作出司法裁决时，可以暂代立法者的角色，进行立法性的活动，创设规则来填补现有法律的漏洞。很多学者将法官这种创设规则的活动称为"法官造法"，但笔者认为将其称为法官暂行立法者职能更为准确，因为法官这种创设规则的行为必须遵守一般的立法原则。在创设规则的时候，法官"必须将自己置身于立法者的角色，创设一个能够融入整个法律体系的规

---

① 相关研究可参见〔美〕彼得·蒂尔斯马：《彼得论法律语言》，刘蔚铭译，法律出版社 2015 年版，第 8~13 页；〔美〕大卫·梅林科夫：《法律的语言》，廖美珍译，法律出版社 2014 年版，第 4~10 页；邱昭继：《法律的不确定性与法治——从比较法哲学的角度看》，中国政法大学出版社 2013 年版，第 279~290 页；沈敏荣：《法律的不确定性——反垄断法规则分析》，法律出版社 2001 年版，第 79~85 页。

② 相关研究可参见殷冬水：《法律滞后三论》，载《行政与法》1998 年第 2 期，第 28~30 页；林小毅：《"淘宝事件"折射的法律滞后性问题浅析》，载《山西省政法管理干部学院学报》2012 年第 3 期，第 115~117 页。

③ 王利明：《法学方法论》，中国人民大学出版社 2012 年版，序言第 2 页。

则"①。所谓能够融入法律体系，指的是法官创设的规则必须考虑与法律体系的相符性，不能与宪法和既有法律有冲突。另外，法官创设规则的行为还必须考虑现实的社会情况（包括社会需求、社会现实、可利用的法律工具、社会政策、预期效果等②）以及法学理论中对相关问题的研究成果。法官进行立法性活动的条件是法律体系内出现了空白，现行的法律规范因缺少必要的逻辑前提或法律上、政治上的可能性而不能适用到某一个或一类具体案件中③。司法实践中，法律永远是滞后于社会发展的，当案件审判没有可适用的法律时，法官只有通过造法的方式增加司法裁决的合法性。法条主义者担心允许法官依照成文法之外的逻辑和原则进行创新性的裁判，即法官造法行为会扩大法官的权力，造成法官对社会中一些领域的不当干预，甚至会滋生腐败。但实际上，法官的创新是要受到现有制度体系、法律的一般逻辑、社会生活习惯和经验约束的，而且法官必须要考虑其创新是否可以被公众所接受，司法公开制度建设的加强也对法官造法的过程进行了全面的监督。此外，法官职业的角色特征一直都是谨慎和保守的，因此，我们大可不必担心法官在法律创造者角色上会有太多追求。实际上，法官的造法行为都是迫于要给出一个合理的案件审判结果而产生的。

法官的法律适用者、解释者、创造者三个角色是在具体的司法过程中融为一体的，法律适用者角色是法官职业的基本对外表现，法律解释者角色是法官行使司法权的能动和自觉角色④，法律创造者角色则是法官在"法律空隙"中根据专业知识、社会常识、逻辑推理和职业经验进行的暂代立法者行使职能时的角色。根据司法的一般规律，法官是不能拒绝分配给他的案件的⑤，无论案件是常见的还是新类型的，也无论案件适用的法律是否容易找到。法官在接触到案件的基本事实后，出于职业习惯，都会在现有法律和既往判例中寻找可适用于案件的法律。立法者也希望法官能够尽量适用现有法律，而不是创造新的规则。法官尊重立法者的这种意愿，并基于法官职业本质上的谨慎和克制，在没有可直接适用的法律的情况下，会选择通过对既有法律的解释，将案件融入

① ［瑞士］艾姆尼格著，姜龙、沈建峰译：《〈瑞士民法典〉之法官与法律的关系》，载《法律科学（西北政法大学学报）》2013年第3期，第198页。
② 相关研究可参见［美］罗伯特·S.萨默斯：《美国实用工具主义法学》，柯华庆译，中国法制出版社2010年版，第141页。
③ ［奥］凯尔森：《法与国家的一般理论》，沈宗灵译，商务印书馆2013年版，第223～224页。
④ 苏晓宏：《司法解释立法化问题研究》，法律出版社2013年版，第128页。
⑤ 董暤：《司法解释论（修订版）》，中国政法大学出版社2007年版，第74～75页。

原有法律体系中。如果这些努力都难以给出合理的案件判决，基于司法公正和司法效率的要求，法官就必须积极面对法律不确定性和滞后性并正视法律空白地带的存在，暂行立者的职责，谨慎地立足于案件需要进行创造性的立法活动。以上就是法官的法律适用者、解释者和创造者角色在司法运作中的存在方式和联系逻辑。

四、法治文化视域中的法官

法治文化是国家法治建设的先导和灵魂，是法治国家、法治政府、法治社会三位一体建设的重要保障力量[①]。在法治国家中，法院和法官对法治文化的建立和弘扬都有着举足轻重的作用。法院是公众普遍信赖的可以实现公平正义、定纷止争的绝对权威，法官是具有很强符号意义的法律职业人，这种符号意义甚至在很多时候使得公众忘记法官的自然人、社会人属性，而更愿意相信法官是一个绝对公正无偏私的适用法律的专业人士。

从法治文化形成和传播的角度考量中国的司法体系，首先应该对司法领域不同的文化体系进行细分。在我国，法院、检察院、公安和司法行政机关的文化风格和特征是存在很大差异的。虽然在我国"一府两院"的政治架构中，法院和检察院具有相同的政治地位，而且检察院除具备公诉职能外，还是重要的法律监督机构，但在公众的文化视野中，我国的人民法院除具备极强的政治上的人民性和极高的专业性外，还是政治体系中设定的界定权利、分辨是非的权威。人民法院通过审判活动一方面保护公民的合法权利和合法诉求，另一方面限制和制约了公权力。

法官是体现国家法治精神、法治原则的重要文化载体，法官的文化内涵和底蕴主要体现在以下四个方面：

首先，法官专业的司法语言。任何法律活动都离不开文字和语言的表达，法官的司法活动和司法理念的表达也都离不开专业的司法语言[②]。司法语言是贯穿于司法行为过程中的语言文字表意体系[③]。法官专业的司法语言既是法官专业法律技艺的外部体现，也是法官个体特有司法理念的具体表达，还是法治

---

① 王运声、易孟林：《中国法治文化概论》，群众出版社 2015 年版，第 3 页。
② 相关研究可参见 ［美］劳伦斯·M. 索兰：《法官语言》，张清、王芳译，法律出版社 2007 年版，第 4～18 页。
③ 王运声、易孟林：《中国法治文化概论》，群众出版社 2015 年版，第 430 页。

（司法）文化的重要组成部分。法官专业的司法语言有三个特点：其一，司法语言主要由法律专业术语组成，其语言体系的核心是法律专业术语。因此，法官的司法语言的主要特征是规范性、程序性和格式性。司法活动中的法定程序有很大一部分需要通过司法语言进行表达和调控，无论是三大诉讼法，还是法官的职业伦理，抑或是法官的行为准则，对法官的司法语言都有相应的规范和要求。其二，法官的司法语言具有交际性与互动性。法官的司法语言按照使用的场合可以分为法官法庭语言和法官法庭外语言。法庭语言是法庭上交流的主要渠道和方式，尤其是在以审判为中心的改革全面实施后，法官法庭语言起着引导和主导法庭活动的作用。其三，法官的司法语言具有复杂性和不确定性。法官的个体差异和所审理案件的差异性使得法官的司法语言表现出极强的复杂性和不确定性。在法定程序的规范和引导下，司法语言的复杂性会得到一定程度的降低，司法语言的不确定性会被限制。法官的司法语言是在一定程度上判断司法是否公正的重要标准之一。法官的司法语言是一种重要的对司法资源进行分配的表现方式。一方面，法官的语言可能表达法官对案件和当事人的态度和倾向；另一方面，法官的语言是法官分配庭审资源的渠道和方式。

其次，法官规范的司法礼仪。司法礼仪是指在司法活动中对司法人员语言、服饰、仪容、举止等的理性化、仪式化的要求，是法律精神对司法人员内在要求的外在表现形式①。法官是居于法律职业共同体顶端的群体，因此在法律职业共同体内部对法官的职业道德和职业行为有着更高、更严格的要求，在礼仪方面也是如此。司法礼仪具有四个特征：第一，司法礼仪的强制性。司法礼仪的强制性来自法律和相关司法文件的要求。强制性一方面对于规范司法礼仪有着重要的作用，另一方面对于通过强化司法的仪式感来树立司法权威也有积极的意义。第二，司法礼仪的象征性。司法礼仪会强化法官作为法律实施中正义的化身这一意象。第三，司法礼仪的神圣性。司法礼仪一方面树立了严肃、公正的法官形象，另一方面充分地体现了司法庄严。第四，司法礼仪的程序性和规范性。每一个司法礼仪皆有据可查、有理可依，这充分体现了司法过程中的法治文化内涵和法治精神。法官的司法礼仪具体体现在四个方面：其一，服装、标志等是法官司法礼仪的物质层面；其二，法官及其司法辅助人员的行为举止是司法礼仪的具体行为表现；其三，宪法宣誓等仪式是司法礼仪的具体制度安排；其四，法言法语是司法礼仪的观念体现。

再次，法官使用的司法器物。法官使用的司法器物是指法官用来弘扬司法

---

① 王运声、易孟林：《中国法治文化概论》，群众出版社 2015 年版，第 430 页。

精神，保障司法活动顺利进行的建筑、器具、服饰等。司法器物大致可以分为三大类：第一类是司法建筑，是指司法活动进行和司法人员工作的场所。以法庭为例，法庭是法官进行审判活动的特定场所，各国的司法实践中对于不同层级、性质的法庭的布局和布置都有着具体的规定，这些规定既有助于树立法官的威信和增强法庭活动的仪式感，又有助于明确法官的群体特征和强化司法权威。法庭的布置必须具有在使法官和当事人保持适当距离的基础上，保证法官的独立和树立法官的威信的特征。第二类是司法器具，指的是能够保证法律的良好实施、司法理念的传播和司法活动的正常进行而专门制作或配备的器物，如法槌等。司法器物的制作和使用传承和发展了司法文化，同时也有助于增强司法的权威性和严肃性。第三类是司法服饰，是指为了维护法官及其司法辅助人员的尊严，彰显司法的神圣性而专门制作的衣着和装饰。法官的重要特征之一就是"身披法袍"①。法袍不仅使法官群体更加具有识别性，同时还成为象征法官甚至司法的符号。

最后，法官权威的社会形象。法官是最具社会权威和法律权威的法律职业群体，这个群体极高的社会权威主要体现在四个方面：其一，法官群体极为严格的法律职业伦理标准和行为准则使得法官群体具有较高的社会公信力和社会地位；其二，法官群体在法律职业共同体内部最高的职业尊荣感和最具公信力的职业特征使得法官群体具有较高的社会认同感，社会公众对法官的认同进一步转化为对司法和法治的认同；其三，我国司法模式下，法官仍然是司法活动和司法过程的主导者，无论从权力角度还是从责任角度，法官都是司法活动中毫无疑问的核心；其四，法官在司法活动中严格的行为准则使得法官有着极为严肃的职业形象。

法治文化视域中，法官群体体现出的符号化意义、法律精神意义、司法权威意义对法官选任制度改革主要提出了三个方面的要求：第一，法官选任中应注重法官候选人的形象和行为；第二，法官选任中不仅应注重法官候选人在法庭上的形象和行为，还应充分考虑法官候选人在法庭外的形象和行为；第三，要注意在法官选任制度改革中向社会充分展示选任过程的严肃性和规范性，以及法官的专业化和精英化。

---

① 相关研究可参见［美］罗纳德·德沃金：《身披法袍的正义》，周林刚、翟志勇译，北京大学出版社 2014 年版，第 20～22 页。

五、改革进程中的法官

将法官放置在我国深化改革的时代背景中，是要明确司法和法官在我国改革大局中的功能定位和作用，弄清我国法官制度改革与社会转型、社会改革的内在联系，准确把握我国司法改革、法官制度改革的宏观方向。

党的十八大以来，在党中央全面推行改革的纲领性文件中，都涉及了法官制度的改革（相关内容参见表1）。

表1 改革纲领性文件中的法官制度改革

文件名称	法官制度改革的主要内容
中共中央关于全面深化改革若干重大问题的决定	（1）建立符合职业特点的司法人员管理制度 （2）健全法官、检察官、人民警察统一招录、有序交流、逐级遴选机制 （3）完善司法人员分类管理制度 （4）健全法官、检察官、人民警察职业保障制度
中共中央关于全面推进依法治国若干重大问题的决定	（1）完善法律职业准入制度，健全国家统一法律职业资格考试制度，建立法律职业人员统一职前培训制度 （2）建立从符合条件的律师、法学专家中招录立法工作者、法官、检察官制度，畅通具备条件的军队转业干部进入法治专门队伍的通道，健全从政法专业毕业生中招录人才的规范便捷机制 （3）加快建立符合职业特点的法治工作人员管理制度，完善职业保障体系，建立法官、检察官、人民警察专业职务序列及工资制度

我国司法改革、法官制度改革是存在于几个大的时代背景之中的：

首先，社会转型中和转型后，法官在纠纷解决和权利界定方面的权威地位逐步确立。我国社会正从熟人社会向半熟人社会甚至陌生人社会转变，社会治理的权威体系也随之变化[①]。在以政治为核心的社会向以经济为核心的社会的转变过程中，社会治理体系中道德、宗教、宗族、家庭等传统治理方式在新型

---

① 相关研究可参见贺雪峰：《论半熟人社会——理解村委会选举的一个视角》，载《政治学研究》2000年第3期，第61~69页；张清、王露：《陌生人社会与法治构建论略》，载《法商研究》2008年第5期，第68~73页；陈柏峰：《熟人社会：村庄秩序机制的理想型探究》，载《社会》2011年第1期，第223~241页；贺雪峰：《熟人社会的行动逻辑》，载《华中师范大学学报（人文社会科学版）》2004年第1期，第5~7页；易军：《熟人社会中的关系与非正式纠纷解决》，载《云南大学学报（法学版）》2008年第5期，第140~145页。

社会模式中的地位有所改变。而政府在从管理型向服务型转型的过程中，也让渡了一部分社会治理的权力给司法系统，法院和法官在社会资源配置中的地位和作用得到了极大的提升。在全面深化改革的进程中，社会利益结构的深刻变化使社会公众认识到司法是最为公允和最具普遍性的利益纷争裁决者；并且随着法律对社会生活各个领域的渗透，法官作为法律的传播者、适用者和解释者，其在社会公众中的权威得到全面树立。无论法律和法官在社会中的地位如何提升，司法和法官都是社会治理的被动参与者，司法和法官只会回应社会上各类主体通过正当司法程序提出的诉求，不会主动拓展参与社会治理的途径，这也保证了司法和法官不会为了扩大自身影响力或权力而改变其客观的立场。在我国社会转型时期，法院和法官因其权威、专业、中立的社会形象成为社会公众普遍尊重和信仰的裁判者，公众对于其司法裁判行为的认可程度的普遍提高和国家治理过程中政治体制对司法和法官地位的确认使得法官的权威地位得以确立。

其次，我国社会从权力本位向权利本位的转变已经基本完成，权力本位的行政式司法、官僚式司法向以公民权利为核心的现代司法的转型也已相应完成①。社会公众界定权利、限制权力、维护权利的需求日益增多。法官在司法活动中有界定权利和限制权力的双重功能：一方面，法官要在不同的权利诉求冲突中找到公正的利益协调和分配方案；另一方面，法官必须起到限制公权力的作用。随着权利本位的社会模型的确立，公民依法维护自身权益的意识逐步增强，在社会公众维护权利的过程中产生的是"权利—权利"和"权利—权力"两种不同的冲突。在"权利—权利"的冲突中，法官起到定纷止争的作用；而在"权利—权力"的冲突中，公众更希望法官起到限制权力、监督权力的作用。

再次，随着我国经济、政治、文化等领域的持续发展，我国的社会矛盾常常涉及多个社会主体和多种社会关系，这些利益主体的利益可能涉及体制、制度、政策、观念等方方面面。"社会各阶层以及各个不同的社会主体之间的利益矛盾和冲突错综复杂，而这些矛盾和冲突直接或间接提交给司法机构"②，法院和法官需要面对的纠纷和案件的数量、复杂程度、疑难性都在不断增加，

---

① 相关研究可参见谷安梁：《论我国司法制度的转型——我国司法改革的主要问题》，载《政法论坛》2001 年第 4 期，119~125 页。

② 顾培东：《中国司法改革的宏观思考》，载《法学研究》2000 年第 3 期，第 5 页。

社会公众对司法和法官的要求也在逐渐提高①。法院和法官队伍必须通过全面、系统的改革深入理解社会实践、提升社会纠纷解决效率、维护社会核心价值、引导社会基本发展方向，进而提升司法能力、优化司法资源分配，回应社会对司法的需求。

最后，国家治理体系和治理能力现代化进程中，涉及对包含司法在内的各类治理手段的地位和功能的重新界定②。在中国特色社会主义法律体系已经基本形成的前提下，我国社会稳定和发展所需要的制度性资源已经齐备，法律的实施成为法治建设中的核心内容，国家治理的现代化要求有一套与我国法律体系相适应的司法制度。司法是国家治理体系中终局性的治理手段，法官的最终司法裁决（终审结果）一旦形成，任何机关、组织、个人都只能服从。但法院和法官对国家治理体系现代化的意义还远不止于此，法院和法官通过司法判决影响社会决策，还通过对法律的适用和解释向社会公众传播法律知识和法治观念。法院和法官不仅是社会秩序的维持者，更是社会秩序的塑造者。虽然司法行为的启动是被动的，但在国家治理体系中，国家通过法律对社会实现的治理和管理都需要通过法院和法官来实现，法官是依法对社会利益进行分配和协调的权威主体。

法官既存在于我国深化改革的大趋势中，更具体地存在于我国的司法体制改革中。在我国已经进行和展开的四轮法院的改革中，关于法官制度的改革都是重点。虽然有些改革的内容是延续性的，但每一轮改革中的侧重点又有所不同（相关改革内容参见表2）。

表2 法院改革中法官制度改革的主要内容

文件名称	法官制度改革的主要内容
人民法院五年改革纲要（1999—2003）	（1）改革法官来源渠道 （2）法官定编 （3）加强和完善法官交流和轮岗制度 （4）加强法官培训

① 相关研究可参见杭涛、杨晓玲：《基层法官被投诉的成因分析及对策研究》，载周泽民：《法官职业化建设指导与研究（2008年·第2辑）》，人民法院出版社2009年版，第56页。
② 相关研究可参见李鑫：《国家治理现代化进程中司法资源分配问题研究》，载《学术论坛》2015年第2期，第134~137页。

文件名称	法官制度改革的主要内容
人民法院第二个 五年改革纲要 (2004—2008)	(1) 推进人民法院工作人员的分类管理 (2) 推动建立适合法官职业特点的任职制度 (3) 研究制定各级人民法院的法官员额比例方案 (4) 改革法官遴选程序 (5) 加强法官交流任职工作，推进法官交流和轮岗制度 (6) 建立法官任职前的培训制度，改革在职法官培训制度 (7) 加强法官职业保障
人民法院第三个 五年改革纲要 (2009—2013)	(1) 完善法官招录培养体制 (2) 完善法官培训机制 (3) 完善法官行为规范 (4) 完善人民法院反腐倡廉长效工作机制 (5) 完善人民法院人事管理制度和机构设置 (6) 完善人民法院编制与职务序列制度 (7) 改革和完善法官工资福利和任职保障制度 (8) 改革和完善人民法院队伍管理制度
人民法院第四个 五年改革纲要 (2014—2018)	(1) 推进法院人员分类管理制度改革 (2) 建立法官员额制度 (3) 改革法官选任制度 (4) 完善法官业绩评价体系 (5) 完善法官在职培训机制 (6) 完善法官工资制度

无论是作为一个个体还是一个群体的法官，都处于我国法院职业化、现代化、正规化改革的大潮之中，法官制度改革要始终与司法改革保持相同的方向。我国的司法改革是我国改革开放发展到一定阶段的必然结果，是我国经济体制转型后民主和法治的必然结果。在我国的四轮法院改革中，伴随着我国司法系统和法官队伍的发展，改革的重点是有所变化的，但改革的宏观方向是稳定的。总的来说，法官所处的司法体制和司法制度的变革有以下三个特点：

第一，我国的司法改革呈现出司法规范重建—审判方式改革—司法体制改革的基本走向[①]，司法改革由规范层面的改革到司法方式和行为的改革，再到司法体制的全面改革，司法改革的推进由点到面，由微观的制度改革到宏观的体制改革。"文化大革命"后，司法改革的首要任务是司法制度的恢复和建设，摆脱司法活动无法可依的尴尬处境。在迅速建立起司法制度后相当长的时间

---

① 夏锦文：《当代中国的司法改革：成就、问题与出路——以人民法院为中心的分析》，载《中国法学》2010年第1期，第17页。

内，我们的司法改革都是在微观层面修改司法制度和规范。随后进行的以审判方式改革为主导的司法改革则主要是在进行庭审的规范化和现代化改革①。目前，在我国的法律体系和司法制度宏观上已基本定型的前提下，需要将司法改革的重点放在全局性问题上，厘清司法与其他国家机关和国家治理手段之间的关系，厘清司法权与立法权、行政权之间的界限，厘清法院内部审判权运行机制的相关问题②，厘清法官的权力范围与责任承担。在我国司法改革启动的初期，经常是法院、检察院各自为政，缺乏必要的交流和沟通，难以形成对我国司法体制中存在的问题的整体把握，从我国司法制度的整体出发去进行改革方案的探索③。对于司法权等问题的宏观把握，有助于厘清司法改革的方向，明确司法改革的目标，从整体上推进司法改革。

第二，司法改革由单一的"顶层设计到具体实践"变为"顶层设计主导，地方多种试点结合探索具体改革方案再推行实施"。促使司法由制度到体制进行全面改革的主要推动力来源于两个方面：一方面是国家全面深化改革中对司法体制的发展和完善提出了许多具体的要求；另一方面是社会公众对司法服务有了更加多元化、更加具体的需求。这两方面一个由上而下、一个由下而上推动着司法改革。司法改革的顶层设计主要解决的是两方面的问题：一方面是司法改革在政治体制改革、全面改革中的地位和作用问题；另一方面是司法改革的原则和方向问题。而司法改革的地方试点，则是在最高人民法院的领导下对具体改革路径的探索，其意义体现在两个方面：一方面可以激发出我国司法实践中的创造力和活力；另一方面则极大地降低了方案试错的成本，进而大大降低了改革的总体成本。第四轮司法改革中，在顶层设计所确定的改革原则和方向十分明确的情况下，在具体制度的改革中给予了地方更大的空间。最高人民法院分别确定了审判权运行、员额制、设立跨行政区域法院等不同制度的试点改革地区，让这些地区成为全面推行改革前的"试验田"，最高人民法院对其进行全面的指导和规范的管理④，使改革真正得以推进，并为全面推行改革提

① 公丕祥：《中国特色社会主义司法改革道路概览》，载《法律科学（西北政法大学学报）》2008年第5期，第7~8页。

② 相关研究可参见顾培东：《人民法院内部审判运行机制的构建》，载《法学研究》2011年第4期，第3~20页；顾培东：《再论人民法院审判权运行机制的构建》，载《中国法学》2014年第5期，第284~302页。

③ 陈卫东：《司法改革十年探讨》，载张明杰：《改革司法——中国司法改革的回顾与前瞻》，社会科学文献出版社2005年版，第26~27页。

④ 贺小荣、何帆：《贯彻实施〈关于全面深化人民法院改革的意见〉应当把握的几个主要关系和问题》，《人民法院报》2015年3月18日。

供更多的决策参考。

第三，司法改革的参照物由域外的司法理论和司法实践转变为我国社会的稳定和发展对司法的实际需求。在 20 世纪 90 年代，无论是司法改革的具体举措，还是有关司法改革的诸多讨论，中心和重点都比较模糊，改革方向和措施的确定多半是"因为域外如何，我们就应该如何"的逻辑。随着司法改革经验的不断积累和对法治、司法措施试错的循序进行，司法在社会治理中的地位和作用不断清晰，决策层和公众对司法活动内在规律的认识逐步提高，不会再出现诸如"人民法院在国家机构体系中只能是一个忠实地服从法律的低调'保守派'，而不可以是一个四面出击的'改革者'"[1] 的武断论述了。无论是在国家治理体系中，还是在社会公众的心目中，司法和法官的特有地位已经确立。在我国社会中，司法和法官的权威已经得以树立，而且随着司法民主、司法公开的不断推进，司法改革与大众诉求割裂的情况得到了极大改善。司法改革开始直面社会公众的司法需求，也能够倾听来自社会各界关于司法发展的期待和建议，国家和社会的稳定与发展以及公众的司法需求成为决定司法改革方向和具体举措最重要的参照物。司法改革开始依照"中国中心主义"[2] 进行顶层设计，具体措施的试点也为各地实践的复杂性和差异性预留了足够的空间。

法官制度的改革是司法改革的突破口和着力点。司法改革应根据顶层设计的路线图，把握方向，完善路径，寻找改革突破口[3]。法官是司法制度中重要的组成要素，也是司法审判过程的具体掌控者。法官相关制度的改革是能否提高司法服务和司法判决质量、能否提升司法效率、能否实现司法公正的决定性因素之一。在法律队伍的结构基本稳定、法律行为规范和法官职业道德已经建立、法官职业内部的自律机制基本成型的情况下，将法官制度改革作为司法体制改革的突破口的时机已经较为成熟。

处于我国全面深化改革的时代，工作在为了回应公众需求而不断更新和发展的司法体制中，法官可能会产生两种想法：一种是期待司法改革能够使其所处的司法体制更加符合司法的一般规律，进而为其提供更多的职业保障；另一种则希望司法体制和司法制度尽量稳定。法官的这两种想法无论是基于人的正常心理规律，还是基于法官的职业特性，都是无可厚非的。需要注意的是，在

---

[1] 刘松山：《再论人民法院"司法改革"之非》，载《法学》2006 年第 1 期，第 5 页。

[2] 公丕祥：《当代中国的自主型司法改革道路——基于中国司法国情的初步分析》，载《法律科学（西北政法大学学报）》2010 年第 3 期，第 40 页。

[3] 徐昕：《司法改革的顶层设计及其推进策略》，载《上海大学学报（社会科学版）》2014 年第 6 期，第 3 页。

所有的法治国家中，司法改革几乎都是常态性的，因为司法要回应社会的发展和变化，司法体制和司法制度就要及时进行调整。改革进程中的法官既是改革进程中的一个微小单元，又是可以代表改革整体方向的一个重要元素。改革可以激发法官队伍的活力，而法官队伍也要成为司法改革中的"定海神针"。改革永远是遵循司法的一般规律并回应社会公众的司法需求的，法官不必感到迷茫和无所适从，做好各类纠纷的裁决者，做好法律的忠实适用者和客观解释者，就会成为改革的护航人和合格的法治代言人。

中国司法改革的微观考察*

——以人民法庭为中心

一、研究的缘起

当下法学理论界和法律实务界最热门的话题是司法改革。虽然在法治国家建设进程中，司法领域的改革仅是一个重要的组成部分，但相较于法律体系的完善、法治理念的传播、法治文化的建设等，司法是最贴近百姓日常工作和生活的，也是最容易被"评头论足"的。但需要注意的是，无论是在相关的理论研讨中，还是在实务经验的交流中，我们关注的主题似乎都过于宏大了，且这些关乎价值和理念的宏大叙事也多集中于司法制度的某些"点"上，而不是司法制度的具体运作和实践效果。不可否认的是，司法改革首先是一个宏大的理论问题。从宏观层面看，它不仅关乎整个法律体系的改革和完善，甚至可以放入我国政治制度中加以考量，其关乎整个社会公平、公正等价值的实现和平等、严谨的程序等理念的塑造，学界也有许多为人称道的理论研究成果[①]。

那本文为什么提出要将司法改革置于放大镜下进行微观考察呢？原因主要

* 原刊载于《华侨大学学报（哲学社会科学版）》2016年第3期，此次整理有修订。

① 相关研究可参见顾培东：《中国司法改革的宏观思考》，载《法学研究》2000年第3期，第3～16页；龙宗智：《论司法改革中的相对合理主义》，载《中国社会科学》1999年第2期，第130～140页；徐显明：《司法改革二十题》，载《法学》1999年第9期，第4～8页；王利明：《司法改革研究》，法律出版社2000年版，第169～181页。

有两个方面：一方面，司法改革最终要回到制度的设置和实践上，这些年司法改革在局部出现反复和停滞的主要原因就是即便在顶层设计上我们已经有了优秀的现代化改革方案，但在具体实施中却不尽如人意。虽然司法改革作为我国全面推进改革的一部分，必须有整体的规划和方向，但同时也要注意到，由于社会需求的真实存在，与社会直接联系的基层司法已经在制度和政策允许的空间内悄然进行着自发性的变革，且这种变革已经受到了顶层决策者的关注。可以说，我国的司法改革已经由自上而下模式转变为自上而下与自下而上相结合模式，司法改革的地方实践十分值得关注。另一方面，现今有关司法改革的主张似乎过分强调司法与其他社会治理方式或纠纷解决方式的区别，或过于强调司法应该拥有独特的社会地位和行为方式，而实际上司法改革作为我国推进改革的一部分，其改革的立足点不应该是向社会、向国家要政策、要资源，而应该是首先对司法领域内资源的分配进行合理的调节，在进行宏观改革的同时，不断对细节进行调整，以达到与宏观改革同步并满足社会公众需求的效果。对我国的司法改革进行微观考察的想法就是基于以上两个方面的原因产生的，同时希望借由对司法改革的微观考察，寻找司法领域内解决某些症结的方案。

本文选取的主要考察对象和研究样本是以人民法庭为代表的基层司法。人民法庭的设置由来已久，是中国特色社会主义司法制度中非常具有代表性的设置。作为基层人民法院面向社会设立的派出机构，从新中国成立初期主要负责土地改革和"三反"①、"五反"②、普选等案件审判工作，具有浓厚政治色彩的人民法庭③，到现在主要审理简单民事案件、刑事自诉案件的人民法庭，人民法庭的总体数量在不断调整，人民法庭管辖的案件范围在不断变化，人民法庭审理案件和解决纠纷的能力在不断提升，人民法庭在整个司法体系中的定位和

---

① "三反"指"三反"运动，即在国家党政机关工作人员中开展的反贪污、反浪费、反官僚主义的活动。在基层社会中，官僚主义等问题并不十分突出，因此一般并不专门设立"三反"人民法庭，而是将此类案件交由已经设立的人民法庭审理。

② "五反"指"五反"运动，即在工商业从业人员中开展的反行贿、反偷税漏税、反盗窃国家财产、反偷工减料、反盗窃国家经济情报的活动。新中国成立初期，工商业主要集中在大中型城市，因此相关案件数量也并不多。

③ 《最高人民法院、最高人民检察署、司法部关于土改地区的人民司法机关必须大力参加人民法庭工作的指示》（1951年10月24日），《最高人民法院关于经省级"三反"人民法庭或市（省辖市）军事管制委员会判处的案件发现原判决在认定事实上或适用法律上确有错误时应如何审理问题的复函》（1957年1月30日），《最高人民法院办公厅关于1952年"三反"人民法庭判处贪污分子的刑事处分不须报人民法院批准的复函》（1963年1月14日）。这个时期的人民法庭大致可以分为两种：一种是常设型的解决百姓日常纠纷的人民法庭；另一种是出于特殊政治目的而设立的人民法庭，这种法庭一般随政治运动的开始而设立，政治运动结束即宣告使命的终结。

功能也发生了数次转型①。但不曾改变的是：人民法庭在解决基层社会纠纷中发挥着重要作用②。

受西方法治思想和法治理论的影响③，有部分学者片面地认为人民法庭的存在不符合法律的程序主义，审判模式较随意，可能比较"乡土"。改革开放以来，在法院现代化、规范化的发展历程中，人民法庭被当成我国司法理念落后、司法审判流程不严谨的典型代表，受到诸多批评④。产生这种认识的原因主要有三个方面：其一，在一段时期内，尤其是在司法技术并不发达的地区，司法审判追求实质公正而不注重程序是普遍存在的事实；其二，我国基层司法中的巡回审判都是通过人民法庭实现的，巡回审判中对于仪式性、程序性东西的刻意简化，审判和调解融为一体，因地制宜、因事而变的纠纷解决方式也与一般庭审有较大区别；其三，我国基层法官的法律职业素质有待提高但在地方却有较高的威望、基层审判中对习惯法等比较看重等因素也是现实存在的。实践中，人民法庭从直接面对农村进行案件审理和纠纷解决的司法机构⑤，到设在城乡接合部，正是为了使国家司法覆盖这一城乡二元管理体制的边缘区，避免法外之区⑥。人民法庭的这种转变和围绕人民法庭发展方向的改革，是司法改革理论研究和探讨中非常具有代表性的问题。其代表性主要体现在三个方面：第一，人民法庭的基层性代表了我国司法的普遍水平和普遍问题；第二，人民法庭的民主性代表了我国司法体制对社会公众需求的积极回应；第三，人民法庭的问题性体现了我国司法在发展方向选择上的徘徊与彷徨。正是基于以上考虑，本文将人民法庭作为从微观视角观察我国司法改革的切入点。

---

① 相关研究可参见顾培东：《人民法庭地位与功能的重构》，载《法学研究》2014 年第 1 期，第 29~42 页。

② 杜中杰、张慧鹏：《人民法庭一审案件占全国法院的 40.81%》，《人民法院报》2005 年 4 月 9 日。

③ 相关研究可参见顾培东：《当代中国法治话语体系的构建》，载《法学研究》2012 年第 3 期，第 4~7 页。

④ 相关研究可参见邵俊武：《人民法庭存废之争》，载《现代法学》2001 年第 5 期，第 146~151 页；张青：《乡村司法的社会结构与诉讼构造——基于锦镇人民法庭的实证分析》，载《华中科技大学学报（社会科学版）》2012 年第 3 期，第 40~47 页；牟军、张青：《社会学视野中的乡村司法运作逻辑——以鄂西南锦镇人民法庭为中心的分析》，载《思想战线》2012 年第 4 期，第 131~132 页；丁卫：《乡村法治的政法逻辑——秦窑人民法庭的司法运作》，华中科技大学博士学位论文，2007 年；刘晓涌：《乡村人民法庭研究》，武汉大学博士学位论文，2011 年。

⑤ 高其才、周伟平、姜振业：《乡土司法——社会变迁中的杨村人民法庭实证分析》，法律出版社 2009 年版，第 7 页。

⑥ 高其才、黄宇宁、赵彩凤：《基层司法——社会转型时期的三十二个先进人民法庭实证研究》，法律出版社 2009 年版，第 48 页。

二、微观观察：人民法庭的制度定位及其实践功能

（一）人民法庭的制度定位

在已经展开的四轮人民法院改革中，都涉及了人民法庭工作，但各级别、各地区法院对人民法庭所持的态度并不统一，有些地区的人民法庭在最高人民法院确立的"为便利当事人进行诉讼和人民法院审判案件，基层人民法院根据需要，可设立人民法庭"[①] 的原则下，在原有制度划定的空间内悄然尝试着一些改革，并取得了一定的成果。当前形势下，在司法改革进一步深化的过程中，我们需要审视和考察的是作为司法运作典型的人民法庭和代表中国特色社会主义司法理念的人民法庭。

可以说，人民法庭的发展历程是基层司法发展和变迁的一个缩影，关注人民法庭的发展，即关注基层司法的走向。我们必须承认，不同级别的司法活动在司法方法和审判方式上是存在很大差异的，而本文对司法改革的考察是基于司法整体的性状、特征和发展方向而展开的，因此，首先需要对人民法庭的基本情况做一个简单的梳理。

从制度规范层面看，几经修订的《人民法院组织法》对人民法庭的界定一直是"基层人民法院根据地区、人口和案件情况，可以设立若干人民法庭。人民法庭是基层人民法院的组成部分。人民法庭的判决和裁定即基层人民法院的判决和裁定"。从此条文中可以看出四点：首先，人民法庭是基层人民法院根据地区情况设置的，是颇具地方特色的司法产品，在人民法庭的发展实践中，可以清晰地看到各地区之间司法所处社会环境和司法行为本身的差异；其次，人民法庭功能定位上的伸缩空间是很大的，其既可定位为速裁庭（主要审理简易程序案件），也可根据地方案件受理情况定位为专业法庭，这从根本上回应了某些学者提出的"废人民法庭"，并改为设立小额法庭或速裁法庭的主张，因为在实践中，人民法庭早已涵盖了速裁等功能；再次，人民法庭并无独立的主体资格，也并非一个独立的审级[②]，它是基层人民法院的派出机构，以人民法院的名义活动，这其中还包含了如何对人民法庭的审判及其他工作进行监督

[①] 《最高人民法院关于人民法庭若干问题的规定》，1999 年 7 月 15 日。

[②] 《最高人民法院关于人民法庭不能作为一个审级问题的批复》，1963 年 6 月 1 日。

和管理的问题；最后，法律给予人民法庭的实践领域是我国的基层社会，其司法辖域是最为广泛的。

（二）人民法庭的实践功能

在最高人民法院 1999 年颁布的《关于人民法庭若干问题的规定》中，人民法庭的任务有：（1）审理民事案件和刑事自诉案件，有条件的地方，可以审理经济案件；（2）办理本庭审理案件的执行事项；（3）指导人民调解委员会的工作；（4）办理基层人民法院交办的其他事项。

现今，作为司法改革最微小的单元，人民法庭的职能早已超出以上制度预设的范围，进行了全面的整合，主要包含以下功能：

（1）民事审判。大多数人民法庭基本只负责民事案件的审判，这主要是案件审判专业化趋势所致。这里所说的专业化有两个方面的涵义：一是民事案件与刑事案件、行政案件的专业分化。早期人民法庭的法官很多都是"全能"的"多面手"，什么案件都能审，这种"全能"很大程度上是由非专业化的审判模式造成的，而随着我国社会纠纷的复杂化、多元化，法官不可能也不必要熟知所有类型纠纷的性质及其解决路径，只需要熟悉某类案件的审判即可。对于人民法庭而言，真正需要面对的、数量最多的是民事纠纷，所以在审判功能设定上，很多人民法庭只审理民事案件。二是在社会转型后，经济问题变成社会生活的核心问题，随之而来的经济纠纷，尤其是借贷、工程、劳动等纠纷的数量急剧增加，人民法庭根据地区情况演变为专门审理某个类型案件的专业法庭。

（2）调解。人民法庭的调解工作通常比其他级别法院的调解工作更有效率。虽然有学者强调中国的社会已经由熟人社会转型为半熟人社会或陌生人社会[①]，但很多基层社会纠纷还是发生在已经建立社会联系的人群之间。作为调解人的人民法庭法官，在其辖域内，除了法律所赋予的权威，也具有一定的社会权威和地位。基于人民法庭法官的双重权威，实践中无论是婚姻等家庭纠纷，还是劳动等经济纠纷，人民法庭的处理都是快速且有效的。此外，案件通

---

① 相关研究可参见贺雪峰：《论半熟人社会——理解村委会选举的一个视角》，载《政治学研究》2000 年第 3 期，第 61～69 页；张清、王露：《陌生人社会与法治构建论略》，载《法商研究》2008 年第 5 期，第 68～73 页；陈柏峰：《熟人社会：村庄秩序机制的理想型探究》，载《社会》2011 年第 1 期，第 223～241 页；贺雪峰：《熟人社会的行动逻辑》，载《华中师范大学学报（人文社会科学版）》2004 年第 1 期，第 5～7 页；易军：《熟人社会中的关系与非正式纠纷解决》，载《云南大学学报（法学版）》2008 年第 5 期，第 140～145 页。

过人民法庭建立的"调解—审判"联动机制，即使调解不成，也可以迅速进入审判程序，为当事人节约时间成本。

（3）指导人民调解委员会的工作。人民法庭对人民调解委员会工作的指导主要是因为诉至人民法庭的案件很多都是可以通过调解来解决的，从这个角度来讲，人民法庭对人民调解委员会的帮助也是为自身减少"讼累"的一种方式。具体的指导路径有三条：第一，推动人民调解委员会的发展；第二，对人民调解员进行依法调解法律知识的培训，或者通过邀请人民调解员担任陪审员，通过审判的具体过程完成对人民调解员的法律知识培训；第三，召集人民调解委员会共同处理案件，或在当事人同意的情况下，由担任陪审员的人民调解员在庭审中直接参与调解。

（4）执行。人民法庭的司法功能是全面的。人民法庭功能的发挥建立在其在司法辖域内所树立的司法权威和对其辖域内基层社会情况深入了解的基础上。执行难作为我国司法中一个多年来难以攻克的难题[1]，原因是多方面的，但我们必须看到在配合执行工作的过程中，人民法庭在减少执行中冲突的发生、提升执行效率等方面发挥的积极作用。

（5）参与基层社会综合治理，维护社会稳定。人民法庭作为与公众直接接触的司法机构，为公众提供法律问题和政策问题的咨询，对可能发生的纠纷和矛盾进行预防、调处。

（6）信访接待。人民法庭接受涉诉信访方面工作的意义在于给予了社会公众维权的畅通渠道，使纠纷或矛盾在基层得到化解。

（7）法治宣传和法治教育。司法机关所承担的法律文化传播功能，是我国司法机关从革命根据地时期就开始承担的重要职能[2]。人民法庭进行法治宣传和法治教育的方式有四种：第一，公审；第二，宣传会或宣讲会；第三，下乡宣传；第四，由人民法庭法官担任社会团体、企事业单位的法治宣传员或法治培训讲师等。

---

① 相关研究可参见唐应茂：《法院执行为什么难——转型国家中的政府、市场与法院》，北京大学出版社 2009 年版，第 10~12 页。

② 高其才、左炬、黄宇宁：《政治司法——1949~1961 年的华县人民法院》，法律出版社 2009 年版，第 90 页。

三、中观分析：人民法庭地位的变迁

如果说司法改革中对司法在政治体系中的地位等问题的分析是宏观分析，探讨人民法庭的制度定位和功能是微观问题的话，那么讨论和确认人民法庭在司法体系中的地位算是居于二者之间的中观问题。

（一）一度被边缘化

人民法庭的存在及其简易的审判方式被很多学者认为是我国司法现代化程度不高的表现，甚至有学者多次主张废除人民法庭，在司法改革的讨论中，也很少重点关注基层司法和人民法庭。人民法庭在我国司法领域处于边缘主要是因为在一段时期内对司法改革的方向存在错误的认识，认为规范化甚至仪式化的司法审判才能够实现司法的现代化，进而实现司法公正。不可否认，人民法庭的现代化建设是其发展的主导原则之一，但必须注意的是，司法现代化与司法程序的烦冗并无直接联系。从世界范围来看，多数法治先行国的司法改革目标中都有简化司法程序，减少法院和法官的工作量，降低诉讼参与人的资金和时间成本[①]。

在司法改革方向的全民大讨论中，有学者认为人民法庭较灵活的审判方式非常有可能滋生腐败，因为依照"能动司法"和"大调解"理念实施司法活动最可能造成的结果是不断放大法律的弹性[②]，但实际上，人民法庭审判活动的正规化、规范化进程绝不会低于任何级别的法院和专门法院，人民法庭审判活动的灵活性是形式上的而非实质上的，而形式上的灵活性并不会影响其功能。

对于人民法庭的质疑还源于其调解结案率较高。有学者认为调解结案率越高，问责的范围就越小，司法腐败的余地也就越大[③]。而笔者认为司法腐败与结案的方式并无直接联系，部分学者认为的调解结案所产生的问题是对司法中调解的了解不深入造成的。调解的实质是对纠纷解决结果的妥协和调和，而不是对案件审判结果和公平正义理念的妥协。

---

① 《欧洲司法改革与发展报告（2011—2012年）》，2012年7月。
② 季卫东：《大变局下中国法治的顶层设计》，载《财经》2012年第5期，第26~31页。
③ 季卫东：《大变局下中国法治的顶层设计》，载《财经》2012年第5期，第26~31页。

正是由于以上诸多质疑，在司法改革中，人民法庭被边缘化了。这种边缘化一方面体现在司法资源的分配中，人员、财政等资源的分配与人民法庭的工作量不相匹配；另一方面，人民法庭极少出现在有关司法改革的讨论中，很多人总是凭借着简单的想象在对人民法庭进行批判。

（二）悄然地回到实践的中心

2012年10月国务院新闻办公室发布的《中国的司法改革》（白皮书）指出："人民法庭审理各类案件年均240余万件，占全国法院一审诉讼案件的三分之一。"人民法庭受理案件数量的增加有两方面的含义：一方面是受理案件总量的不断增加；另一方面是单个人民法庭平均受理案件数量的增加。在人民法庭审判力量并没有很大变化的情况下，我国基层人民法院特别是人民法庭审理案件数量的剧增充分说明了社会对司法产品和服务的需求旺盛，也向我们昭示了人民法庭存在的合理性和重要性，同时，对司法系统内资源分配的合理性提出了质疑。

2013年10月，最高人民法院发布《关于切实践行司法为民大力加强公正司法不断提高司法公信力的若干意见》，将深化人民法庭改革作为深化司法工作机制改革、构建合理审判运行机制的重要工作："合理调整人民法庭的区域布局，强化人民法庭基本职能，加强人民法庭人员配置，适度扩大人民法庭案件管辖范围。在综合考虑案件情况、人口数量、区域特点和其他相关因素的基础上，按照就地解决纠纷和工作重心下移的思路，统筹考虑、合理布设人民法庭。"实质上，对司法改革方向和策略的讨论核心是现阶段我国社会的发展和稳定需要什么样的司法，如何实现国家司法产品供给与社会公众需求之间的均衡，如何使社会公众方便、高效、低成本地获得司法服务。人民法庭是我国整个司法系统中与社会公众接触最广泛、联系最紧密的部分，社会公众对人民法庭这一司法设置是有刚性需求的，其存在具有极强的合理性。

（三）合理且具有中国特色的存在

学者们普遍认为人民法庭的边缘化是因为我国社会城镇化水平的不断提升，乡土社会的结构和关系类型也在转变，作为乡土司法主体的人民法庭存在的必要性正在丧失。这种认识存在一个前提性假设：只有以熟人关系为基础的乡土社会才需要人民法庭。但实际上，我们所要证明的是，不仅仅是乡土司法需要人民法庭，而是包含乡土司法在内的基层司法都需要人民法庭。

法律经济学的基本观点是所有制度都各有利弊，所有选择都要付出代价①。同样地，司法模式都会产生成本。但从当前的实践来看，通过对人民法庭地位和功能的重构来实现的对司法资源布局的调整是成本最低的，甚至可以降低部分司法成本。此处所说的司法成本可从两个方面来理解：一方面是国家对司法的投入，另一方面是当事人通过司法解决纠纷的成本。

国家对司法的投入有两类：一类是司法人员编制，人民法庭的改革是将审判资源从法院转移到人民法庭，人员成本基本未上升；另一类是国家对司法的经费保障，包括司法人员工资、办公场所、设备等投入，可以说，通过重新规划人民法庭的设置所实现的对司法资源的重新分配的成本是非常低的，其实质上是对司法资源的重新配置，而非通过增加组织设置等高成本的方式完成司法改革。

当事人通过司法解决纠纷的成本可以分为三个部分：一是资金成本。诉讼的资金成本主要包括两部分：一部分是诉讼费，人民法庭受理案件同样受诉讼费收取相关规定的约束，但诉讼费减免的范围和力度明显较大；另一部分是诉讼代理费，人民法庭充分考虑辖区公众的经济状况和法律常识，尽量简化诉讼程序，同时建立完善的诉讼辅助体系，诉讼当事人即使无力聘请律师，也能充分参与诉讼、主张权利。二是时间成本。人民法庭和基层人民法院机关庭实现联动办案后，案件在立案后就会进入案件的繁简分流机制，将简单的案件或适用简易程序的案件分流至当事人最便捷参加诉讼的法院审理（人民法庭在发挥速裁庭的作用）。通过案件分流机制，简单案件审理的周期大大缩短了。而且人民法庭还具有指导人民调解委员会的工作和协调其他纠纷解决方式的职能，即法院通过人民法庭这一最基本面整合社会的纠纷解决资源，即使在立案后法院和当事人发现也许审判不是最佳的纠纷解决方式，也可以迅速将案件转交给司法所、人民调解委员会等组织，为当事人节约时间。三是交通成本。人民法庭设置的依据之一就是辖区的基本情况，人民法庭设置的最初目的之一也是满足偏远地区、交通不便地区当事人的诉讼需求。现阶段虽然我国的交通状况有了较大程度的改善，但由于基层人民法院依照行政区域的设置方式，各区县的交通、地形、人口分布等情况千差万别，单一的基层人民法院设置很可能会对当事人享受司法服务设置交通上的障碍，且必须考虑到法院的建筑恢宏、门禁森严很可能会造成当事人的心理障碍。人民法庭极大程度上改变了这种状况，

---

① 凌斌：《法治的代价：法律经济学原理批判》，法律出版社 2012 年版，序言第 2 页。

实现了将司法送至公众家门口的目的。

四、宏观分析：司法改革的实践前沿

实践中，人民法庭一直处于我国司法改革的前沿，在人民法庭的变革和发展中可以看到许多与最新司法改革方向、司法政策相契合的地方。这种契合，有些是基层司法有意为之的，有些是不谋而合的。以下三个方面可以证明人民法庭是司法改革的实践前沿。

（一）探索与行政区划适当分离的司法管辖制度

党的十八大后，我国法治建设进入新的历史时期，司法体制改革的主要任务之一就是探索与行政区划适当分离的司法管辖制度[1]。实践中，人民法庭的设置与行政区划的关系不大，基层人民法院的设置主要是从自身人员和物质保障以及社会的实际需要等方面考虑的。与西方诸多国家推行司法机构在地理上的集中化、尽量减少法院和检察院的数量以节约司法经费的做法不谋而合的是，人民法庭同样在践行着"确定法院的数量和地点的标准应当符合一个基本要求，那就是确保当事人在合理时间内得到公平的审判"[2] 的司法理念。《人民法院组织法》规定的决定人民法庭设置的因素是地区、人口和案件情况，但实际上情况已经有所变化，现阶段决定人民法庭设置的因素主要有五个：一是人口分布，要考虑人口的结构因素，如人口的年龄、民族、经济条件等；二是到法庭的路程以及公共交通的便利程度；三是有无数字电讯服务和设施帮助当事人通过高科技手段参与诉讼；四是法庭辖区的经济发展状况；五是案件的数量和性质。

《最高人民法院关于人民法庭若干问题的规定》中明确指出："人民法庭根据地区大小、人口多少、案件数量和经济发展状况等情况设置，不受行政区划的限制。"[3] 这项规定为人民法庭在探索打破行政区划设置司法机构方面留有充分的制度空间。在探索打破行政区划的司法机构设置方面，人民法庭相关实

---

[1]　孟建柱：《深化司法体制改革》，《人民日报》2013 年 11 月 25 日。
[2]　《欧洲司法改革与发展报告（2011—2012 年）》，2012 年 7 月。
[3]　《最高人民法院关于人民法庭若干问题的规定》，1999 年 7 月 15 日。

践的启示主要有两点：其一，打破行政区划实际上是一次司法资源的重新分配，因此在打破行政区划时要尽量做到不争夺其他资源，而是通过对基层司法资源进行合理的配置来实现，比如将机关庭的审判力量向人民法庭倾斜性地配置，实现机关庭与人民法庭的资源共享，等等。其二，打破行政区划的理由不应该仅仅是去行政化①和去地方化②，而应该是主要针对辖域内纠纷和矛盾的分布情况进行的。人民法庭审理案件的类型不再全部是"家长里短"的邻里纠纷、家庭纠纷。随着社会的转型，社会中存在的最普遍的纠纷类型也有一定的变化，合同纠纷、劳动纠纷在纠纷中所占比例逐步提升，这种变化为人民法庭打破行政区划，向专业庭、速裁庭转型提供了现实基础。

（二）践行司法为民

每一个人民法庭在功能设计上或实质上都是机关庭诉讼服务中心的分中心，这与我国早期法院设立人民接待室③的政治目的相似，都是贯彻党的群众路线的司法设置。人民法庭的功能主要体现在两个方面：一方面，实现案件的初步筛选，完成案件的繁简分流。此处所说的分流既包含案件在人民法庭和其他机构之间的分流，也包括案件在机关庭和人民法庭之间的分流。人民法庭案件分流机制主要的目的有两个：一是实现案件的快速处理，为当事人节约解决纠纷的时间成本；二是实现人民法庭与其他纠纷解决机构的联动。另一方面，为群众参与诉讼提供基本的指导，成为公众认识和接触司法机关的窗口，拉近公众与司法机关的距离。

人民法庭践行司法为民的另一个体现是巡回审判方式。在我国司法现代化的过程中，巡回审判和就地审判已经被赋予了太多的政治色彩。人民法庭是从

---

① 相关研究可参见龙宗智、袁坚：《深化改革背景下对司法行政化的遏制》，载《法学研究》2014年第1期，第132~149页；谢佑平、万毅：《司法行政化与司法独立：悖论的司法改革——兼评法官等级制与院长辞职制》，载《江苏社会科学》2003年第1期，第139~143页；王申：《司法行政化管理与法官独立审判》，载《法学》2010年第6期，第33~39页；廖奕：《司法行政化与上下级法院关系重塑——兼论中国司法改革的"第三条道路"》，载《华东政法大学学报》2000年第6期，第41~44页。

② 相关研究可参见张文显：《现代性与后现代性之间的中国司法——诉讼社会的中国法院》，载《现代法学》2014年第1期，第3~8页；陈卫东：《司法机关依法独立行使职权研究》，载《中国法学》2014年第2期，第20~49页。

③ 参见远光：《人民法院的人民接待室外》，《人民日报》1953年12月2日；赫修志：《谈基层人民法院信访工作》，载《人民司法》1986年第4期，第20~22页；甄忆蓉：《一场风波》，载《人民司法》1959年第9期，第16~18页。

巡回审判到巡回法庭一路发展过来的。现今，除了少数极不发达的地区，由于信息化系统的全面运用，交通已经不再是当事人积极维护自身权益的阻碍。因此，现阶段人民法庭的审判方式应该是以法庭审判为主，巡回审判为辅。而在某些案件中，当事人也可以根据自身情况，提出关于人民法庭审判方式的申请。

（三）深化司法公开

人民法庭在深化司法公开方面的意义主要体现在三个方面：其一，贴近群众的司法本身就为司法公开提供了良好的基础，裁判文书上网或审判录音录像上网，对法律专业人士或具备一定法律知识的人了解案件确实有极大的帮助，但对公众了解司法的帮助却是有限的。司法公开的第一步应该是让公众可以及时、全面地了解与自身相关的案件信息，而人民法庭的司法行为贴近公众，为实现这一点打下了良好的基础。其二，司法公开的意义在于提升司法公信力，让公众相信司法作为纠纷解决的最终方式是值得信任的，是高效可行的。司法公开就是要为公众开启这样一个了解司法审判的窗口，显然，公众到人民法庭旁听案件远比到机关庭旁听案件更加方便。其三，司法公开的目的还在于法治宣传和教育。人民法庭作为与公众联系最密切的司法设置，可以采取最能够为公众所接受和理解的方式对公众进行法治教育，也可以结合辖区情况进行重点突出的法治宣传。

五、综观分析：人民法庭对司法改革的启示

通过上文分析可以发现，人民法庭的地位呈现出"中心—边缘—中心"的变化，这与我国司法制度的发展和变革是密不可分的。以人民法庭变革为中心的基层司法改革是一条从边缘回到中心的实践，人民法庭地位与功能的调整是社会变迁与司法改革的共同结果。以上对人民法庭这一微观司法设置在不同层面的考察，对我国司法改革的方向有以下四点启示：

首先，人民法庭转型的大背景主要有两个：一个是我国司法体系的逐步成熟，基层司法机构和人民法庭的功能定位逐渐稳定，司法与其他主体组成的国家治理体系逐步完善，司法在社会中的公信力和地位不断提升；另一个是随着社会公众法治意识的增强以及法律知识的丰富，人民法庭作为基层纠纷解决中

最具权威的主体，其功能得到了社会公众的认可，其便捷的程序、低廉的成本、平和的审判方式满足了社会公众在纠纷解决方面的需求。人民法庭审理案件的上诉率和公众对人民法庭的低投诉率也说明公众对人民法庭的工作是相对满意的。同时，以人民法庭为代表的基层司法也向社会展示出了其高效的纠纷解决能力。我们必须认识到，与21世纪初相比，司法的基础和质效已发生了很大的变化，诸如"司法独立""违宪审查"等宣示式的讨论早已不合时宜，司法改革已进入精细化阶段，讨论司法改革需注重微观和细节。

其次，人民法庭是在实践中发展的，顶层制度设计中并未给出太多空间。人民法庭是在司法人员和财政保障十分有限的条件下发展的，司法资源并未给予倾斜性的配置，其司法权威的树立不仅仅是依赖正当程序的建立和法律的正确适用，更多的是在公众的肯定和支持下，通过司法权威转变为普遍的社会权威来实现的。简单回顾司法改革中的诸多论述可以发现，很多司法改革主张都是在为司法向社会和国家要地位、要政策、要资源，但人民法庭的变革却在告诉我们，司法系统内部的资源也许并没有我们想象的那么稀缺，司法改革首先要做的并不是把更多资源投入司法系统内部，而是实现现有司法资源的合理配置，提高资源的使用效率。

再次，社会公众对人民法庭的认同充分说明司法服务不能离老百姓太远。人民法庭在方便公众参与诉讼、解决纠纷方面的意义体现在两个方面。一方面是缩短了公众参与诉讼的空间距离。这主要通过两个途径来实现：一是合理调整人民法庭布局；二是人民法庭的位置一般与基层群众自治组织、人民调解委员会、司法所等相邻，缩短了案件分流后纠纷解决方式转换的空间距离。另一方面是在保证法律适用公正性的前提下，简化了诉讼程序，缩短了诉讼周期。人民法庭这些便民措施取得了良好的社会效果，说明或许对公众而言，方便、高效地参与诉讼要比所谓的仪式化的司法现代化更重要，适应我国基层社会条件的审判方式也远比西方化的庭审更可取。让人民群众在每一个司法案件中感受到公平正义，这不仅是对司法的质量提出的要求，还是对司法的效率提出的要求。因此，在考虑人民法庭的设置时，不仅要考虑人民法庭受理案件的数量，还要重点考虑司法资源分布的均衡性，要让无论住在城里还是住在山里的老百姓，在需要司法为其定纷止争、维护正当权益时，都能及时得到司法服务。另外，需要注意的是，公众对于纠纷解决方式的选择需要必要的引导，法院在努力降低当事人诉讼成本和提高司法行为质量的同时，必须采取必要的法治宣传手段来引导公众选择正确的纠纷解决方式。

最后，人民法庭改革良好的实践效果说明司法资源分配重心下移是未来较长时期内司法改革的重要方向。整个司法系统中，人民法庭被看作司法机构综合解决纠纷以及与其他具有纠纷解决功能的机构的衔接。很多基层人民法院将人民法庭作为诉讼服务分中心的做法值得赞赏，因为对人民法庭功能的全面实现不仅要求司法审判资源下移，更要求司法资源全面下移，以更好地满足当事人全方位的纠纷解决需求。如果说司法改革涉及对内和对外两种关系的改革的话，司法对外关系的改革与本文主张的微观考察关系不大，那么司法内部各类关系的改革则与司法资源分配重心下移关系密切，它不仅涉及司法权的配置，还涉及司法和其他国家治理方式的协调与合作。

人民法庭不仅是一个颇具中国特色的司法设置，同时更是一个顺应时代需要的司法创造。它是司法回应社会公众需求的积极创新，更是司法与基层社会治理实现良性互动的媒介，是实现司法权威、行政权威与民间权威协调、融合的最佳场域，是基层司法自发变革的缩影。人民法庭可以成为第四轮司法改革政策与具体实践的结合点，人民法庭为了回应社会需求而进行的变革也为司法改革提供了方向指引：司法改革的参照不在域外，而在基层。

中华人民共和国成立初期的人民法庭
（1949—1954 年）[*]

人民法庭作为颇具中国特色的司法设置，是顺应时代需要而设立的，并逐渐成为司法系统在基层不可或缺的媒介。它起源于中国共产党领导的农民运动，在解放战争时期为推行土地改革和获得战争胜利做出了重要的贡献。毛泽东同志评价它为"农民群众打击最坏的地主富农分子的有力武器，又可免乱打乱杀的错误"[①]。中华人民共和国成立初期，土地改革人民法庭、"五反"人民法庭、"三反"人民法庭和普选人民法庭相继设立，为保障运动顺利进行和维护社会秩序发挥了重要作用。面对现今关于人民法庭的存废之争和职能转变[②]，重新回顾和审视人民法庭在当时的角色就显得十分必要。

---

* 原刊载于《法律史评论》2017 年第 1 期，此次整理有修订。

① 毛泽东：《毛泽东选集（第四卷）》，人民出版社 1991 年版，第 1271 页。

② 相关研究可参见邵俊武：《人民法庭存废之争》，载《现代法学》2001 年第 5 期，第 146~151 页；高其才、黄宇宁、赵小蜂：《人民法庭法官的司法过程与司法技术——全国 32 个先进人民法庭的实证分析》，载《法制与社会发展》2007 年第 2 期，第 3~13 页；胡夏冰、陈春梅：《人民法庭制度改革：回顾与展望》，载《法律适用》2011 年第 8 期，第 86~90 页；顾培东：《人民法庭地位与功能的重构》，载《法学研究》2014 年第 1 期，第 29~42 页；李鑫、马静华：《中国司法改革的微观考察——以人民法庭为中心》，载《华侨大学学报（哲学社会科学版）》2016 年第 3 期，第 51~60 页。

一、人民法庭的设置

人民法庭制度发端于 20 世纪 20 年代中国共产党领导下的农民运动，解放战争时期人民法庭大量出现在解放区，用于"镇压反动、保障民主"，其中东北地区尤为突出。作为政法概念的人民法庭，最早出现于《中国土地法大纲》中。中央工作委员会于 1947 年 7 月 17 日至 9 月 13 日在河北省石家庄市西柏坡村召开全国土地会议，会议通过了《中国土地法大纲》，10 月 10 日由中共中央正式公布施行。该大纲第十三条规定："为贯彻土地改革的实施，对于一切违抗或破坏本法的罪犯，应组织人民法庭予以审判及处分"，即人民法庭的设立在于保障土地改革的顺利进行，审理各种阻碍土地改革实施的行为。该大纲也简要规定了人民法庭的人员组成、审理行为等内容。其后人民法庭得到全面发展，并为争取战争胜利做出了重要贡献。

中华人民共和国成立后，为继续推行土地改革，人民法庭制度延续了下来。1950 年 6 月 28 日，中央人民政府委员会第八次会议通过《中华人民共和国土地改革法》（以下简称《土地改革法》），明确指出改革的目的是"废除地主阶级封建剥削的土地所有制，实行农民的土地所有制，借以解放农村生产力，发展农业生产，为新中国的工业化开辟道路"。该法共 6 章 40 条，有 3 条涉及人民法庭。它要求人民法庭运用巡回审判的方法，依法审判"罪大恶极为广大人民群众所痛恨并要求惩办的恶霸分子及一切违抗或破坏土地改革法令的犯罪"，"严禁乱捕、乱打、乱杀及各种肉刑和变相肉刑"，并且授予人民法庭审理对阶级划分有不同意见的申诉的权力。《土地改革法》作为中华人民共和国成立早期的法律之一，规定人民法庭在土地改革中的审理内容和方式，赋予人民法庭保障土地改革的任务。不过其中第三十二条规定："人民法庭的组织条例，另定之。"也就是说，当时人民法庭虽已组建，但还未有相关组织规则。

对此，1950 年 7 月 14 日，政务院第四十一次政务会议通过《人民法庭组织通则》，报请中央人民政府主席批准后，于当年 7 月 20 日公布，成为当时指导人民法庭组织运行的基本准则。该通则第一条规定："为保障革命秩序与人民政府的土地改革政策法令的实施，省及省以上人民政府得视情况的需要，以命令成立或批准成立县（市）人民法庭。其任务是运用司法程序，惩治危害人民与国家利益、阴谋暴乱、破坏社会治安的恶霸、土匪、特务、反革命分子及违抗土地改革法令的罪犯，以巩固人民民主专政，顺利地完成土地改革。此外，关于土地改革中划分阶级成份的争执及其他有关土地改革的案件，亦均由人民法庭受理之。人民法庭任务完毕已无存在必要时，由省及省以上人民政府以命令撤销之。"人民法庭的设置以县（市）为单位，必要时以区为单位或联合两个区以上设立分庭，数量众多。在中华人民共和国成立初期，人民法庭为土地改革保驾护航，对土地改革的顺利完成做出了重大贡献。中华人民共和国成立之初，在占全国面积一半以上的华东、中南、西南、西北等新解放区，地主和农民之间因为封建土地制度的存在，关系依然十分紧张，土地改革势在必行。与此同时，大量残余武装势力遗留大陆，与恶霸、土匪、地主等勾结，伺机进行反革命活动，使得当地土地改革形势严峻。人民法庭通过司法程序，制裁了地主阶级和反革命分子，切实保证了《土地改革法》的贯彻实施。土地改革、镇压反革命运动时期，人民法庭为土地改革提供法制保障，使土地改革取得阶段性胜利，也为之后党和政府运用这种临时性人民法庭提供了经验。"三反"人民法庭、"五反"人民法庭、普选人民法庭相继设立，通过临时人民法庭的方式共同维护和巩固了人民民主专政。

土地改革运动尚未结束，1951 年底增产节约运动中出现了许多贪污浪费现象，根据中共中央的指示，"三反"运动、"五反"运动相继展开，人民法庭参与审判犯罪人员。"三反"运动指在国家党政机关工作人员中开展的反贪污、反浪费、反官僚主义的活动。"五反"运动指在工商业从业人员中开展的反行贿、反偷税漏税、反盗窃国家财产、反偷工减料、反盗窃国家经济情报的活动。为处理相关案件，1952 年 3 月，政务院先后规定在"五反"运动、"三反"运动中成立人民法庭，分别设置不同的职权和规则。按照政务院的规定，"五反"运动中的人民法庭设立于工商户违法案件较多的城市，"三反"运动中的人民法庭设立于专区以上的机关和团以上的部队。另外，1952 年 4 月，政务院要求中央一级各单位在"三反"运动中成立人民法庭。中央人民政府政务院一般以委、部、会、院、署、大学（专科学校）等为单位成立人民法庭；最高人民法院、最高人民检察署、政法委员会机关、司法部、法制委员会五机关合为一个单位，成立人民法庭；军委、中共中央直属各机关及各人民团体中央直属机关、人民政协全国委员会及其他各民主党派机关等也成立人民法庭。在基层社会中，由于贪污、浪费、官僚主义的问题并非十分突出，工商业又尚未完全发展，工商户违法案件较少，"三反""五反"案件数量不多，就交由已设立的人民法院及人民法庭审理，不另行设立人民法庭，至运动结束时撤销。

1953 年开始，我国历史上第一次全国范围的普选如火如荼地进行。为确保选举工作的顺利开展，党和政府相应设立了普选人民法庭，专门受理有关选举的诉讼。1953 年 3 月，中央人民政府公布施行《中华人民共和国全国人民代表大会及地方各级人民代表大会选举法》。该法第四十五条规定，对选民名单有不同意见者，在向选举委员会提出申诉后对处理意见不服时，得向人民法庭或人民法院提起诉讼，以其判决为最后决定。同年 4 月，中央选举委员会发布《关于基层选举工作的指示》。按照《关于基层选举工作的指示》的规定，普选人民法庭专门受理有关选举的诉讼案件，由县（市）人民法院派出，相当于其巡回分庭，而数目以便利人民进行诉讼为原则，由县（市）按实际需要规定。普选人民法庭主要受理有关选民资格和破坏选举的案件，甄别和审理管制分子和已判决剥夺政治权利、假释、缓刑以及未决犯等有关选举权的问题，处理阶级成分的审议和土地遗留问题等纠纷，于普选结束时撤销。

无论是土地改革、镇压反革命运动时期的人民法庭，还是"三反"运动、"五反"运动、普选时期的人民法庭，都具有很大程度的相似性。事实上，中华人民共和国成立初期存在两种人民法庭，一种是为特殊政治目的而临时设立的人民法庭，另一种是为解决基层社会中百姓的日常纠纷而常设的人民法庭。虽然后者也是由前者发展而来的，但在性质和任务上的根本区别使两者在各个方面大相径庭。作为基层人民法院的组成部分，常设性的人民法庭正式诞生于1954 年第一届全国人民代表大会第一次会议通过《中华人民共和国人民法院组织法》后。经过六十多年的建设，人民法庭制度已成为中国特色社会主义司法制度中的重要部分。而对于临时性的人民法庭，《人民法庭组织通则》等相关规定不仅规定了此类人民法庭的组织运行，也确立了其自身的特点。这些人民法庭都因特殊政治目的，由政府临时设立，人民群众广泛参与，在任务结束后予以撤销。因此，也有学者总结其特点为组建上的特定任务导向，功用上的阶级镇压倾向，运作中的司法群众化，程序的仪式性和象征性[1]。

二、人民法庭的组织

由于政治运动的特殊性，这些人民法庭的组织和职权与现行常设的人民法庭或基层人民法院存在极大的不同。其实，人民法庭自诞生以来，与当时国民政府的地方法院也截然不同。1947 年《中国土地法大纲》颁布后，各解放区

---

① 陈翠玉：《回顾与反思：建国初期的土地改革人民法庭——兼谈对当下司法建设的启示意义》，载《兰州学刊》2010 年第 5 期，第 139 页。

掀起了成立人民法庭的高潮。它是由县以下基层农会直接组织，以贫雇农为骨干，政府派代表参加的群众性临时审判机关，只负责审理与土地改革有关的案件，土地改革完成后即行撤销①。土地改革期间的人民法庭主要有两种模式：一种是以东北解放区为代表的人民法庭，设区和村两级，由区、村农民大会或农民代表大会及其选出的农民委员会直接领导，并受上级政府领导。区人民法庭设审判委员 5 人，村人民法庭设审判委员 7 人。另一种是以晋察冀解放区为代表的人民法庭，设于各县，分区办事，巡回审判。区人民法庭由县政府委派审判员 1 人，该区农民代表大会选派审判员共同组成审判委员会，并受县政府领导②。

中华人民共和国成立后，吸收解放时期人民法庭的成熟经验，《人民法庭组织通则》为人民法庭制定了组织规则。1951 年 10 月，最高人民法院、最高人民检察署、司法部联合发布法督字第 20 号文件，要求一切准备土地改革与实行土地改革地区的人民司法机关必须协助人民法庭做好干部的准备与训练工作，并以能否主动积极地参加人民法庭的工作为考察政治责任心强弱和工作成绩优劣的重要标志。在声势浩大的土地改革中，人民法庭扮演着十分重要的角色，就其组织运作而言，呈现以下特点：

一是双重领导。人民法庭及其分庭直接受到同级人民政府的领导，由省及省以上人民政府命令成立或批准成立，同时作为人民法院的组成部分，也接受同级人民法院的领导。这种地位的双重性表现在当事人对人民法庭的判决如有不服，首先应要求同级人民政府指令人民法庭复审，对复审仍有不服，才提出上诉。另外，人民法庭有权判决被告死刑、徒刑、没收财产、宣告无罪、劳役、当众悔过，但是前四个判决的批准根据人民法庭的级别分属不同级别的人民政府，而不是人民法院。

二是群众参与。《人民法庭组织通则》要求人民法庭及其分庭设审判委员会，由审判长一人、副审判长一人、审判员若干人组成。正副审判长及半数审判员由同级人民政府遴选，其余半数审判员由同级或设立地区的各界人民代表会议或人民团体选举。正副审判长和审判员均由同级人民政府报请直属上级人民政府审核加委。其他工作人员从同级人民政府、人民法院及各人民团体工作人员中调用。通过选举和调用，一定数量的群众加入人民法庭，参与到审判活动中。

---

① 张希坡、韩延龙：《中国革命法制史（上）》，中国社会科学出版社 1987 年版，第 456~561 页。

② 张希坡：《中国法制通史（第十卷）》，法律出版社 1999 年版，第 639~640 页。

三是巡回审判。《人民法庭组织通则》第二条规定："县（市）人民法庭及其分庭均得实行巡回审判。"巡回审判由苏维埃区域的"巡回法庭"演变而来，以降低当事人的诉讼成本为主要目的，以就地立案、就地开庭、当庭调解、当庭结案为主要方式，方便群众参与诉讼。与坐庭审判相对，巡回审判要求人民法庭到所属地区接受人民群众的诉讼或者携带卷宗到案件发生地、当事人所在地等地方就地审理案件。

由于审判对象的不同，"三反"运动、"五反"运动时期人民法庭的组织各有侧重。1952年3月至4月政务院先后发布《政务院关于"三反"运动中成立人民法庭的规定》《政务院关于"五反"运动中成立人民法庭的规定》《政务院关于中央一级各机关"三反"运动中成立人民法庭的通知》，与后来最高人民法院对"三反"人民法庭作出的其他司法解释[1]共同构成了这一时期人民法庭的运行规则。

"三反"运动、"五反"运动中的人民法庭均设审判委员会，由审判长一人、副审判长一人或二人和审判员若干人组成。不同的是，"三反"人民法庭的审判长、副审判长一般由机关首长或副首长担任，审判员吸收"三反"运动中的群众积极分子以及机关中的各民主党派、无党派民主人士。审判人员人选名单需报请同级人民政府或军事机关批准。不同刑罚分别由相应人民政府、军事机关或人民法院批准和执行。当事人若对判决不服，应向同级人民法院或军事机关上诉。而"五反"人民法庭及其分庭的审判长、副审判长、审判员均由同级人民政府任命。其中，审判长一般由同级人民法院院长兼任，副审判长和审判员可由有关机关和人民团体负责人及"五反"运动中的积极分子担任。"五反"人民法庭的判决为终审判决，其判决均交由同级人民法院执行，无期徒刑、十年以上有期徒刑和死刑的判决应经相关人民政府审核和批准后执行。被告或原告对于人民法庭分庭的判决不服，应向人民法庭上诉。

作为县（市）人民法院的派出机关，普选人民法庭主要由庭长、审判长、审判员、书记员组成。根据《北京市各级人民代表大会选举工作计划要点》，北京市普选人民法庭由本地法院、政府机关、各民主党派和各人民团体中抽调人员共同组成，受市人民法院、区委的双重领导，业务上与区选举委员会密切

---

① 主要指《最高人民法院关于印发〈人民法庭办案试行程序〉的函》（1952年4月15日）、《最高人民法院关于经省级"三反"人民法庭或市（省辖市）军事管制委员会判处的案件发现原判决在认定事实上或适用法律上确有错误时应如何审理问题的复函》（1957年1月30日）、《最高人民法院办公厅关于1952年"三反"人民法庭判处贪污分子的刑事处分不须报人民法院批准的复函》（1963年1月14日）。

合作①。上海市各级普选人民法庭的组成人员均由县（市）人民法院委派，在选举委员会统一计划和部署下进行工作，与公安、检察等有关部门密切联系、共同配合普选工作②。陕西省普选人民法庭的庭长由公安、检察、法院系统抽调兼职干部兼任，审判员和书记员则从参加普选活动的干部中抽调，并且根据具体情况，可选出部分人民陪审员。在领导关系方面，普选人民法庭亦受同级人民政府和人民法院的双重领导。三年以下有期徒刑的判决由人民法庭审定，三年以上有期徒刑的判决由县人民法庭判定。个别案件，人民法庭处理不当，同级人民法院可以再审③。西南地区普选人民法庭多由法院抽调骨干干部，配合其他部门抽调的干部组成，密切配合选举委员会，并结合普选选举陪审员，参加普选人民法庭的陪审工作④。

三、人民法庭的功能

虽然土地改革人民法庭、"三反"人民法庭、"五反"人民法庭、普选人民法庭的存续期短暂，随着各自任务的完成而终结，但作为中华人民共和国成立后党和政府对法律的初步运用，人民法庭在当时发挥了重要作用。人民法庭配合各项政策的实行，维护社会秩序，使国家司法力量深入基层，具备法律、社会和政治多层面的功能。

（一）法律上的功能

中华人民共和国成立之初，新的司法制度亟待建立。《中国人民政治协商会议共同纲领》要求"废除国民党反动政府一切压迫人民的法律、法令和司法制度，制定保护人民的法律、法令，建立人民司法制度"。据此，中华人民共和国建立了新式司法机构，陆续制定了《土地改革法》《婚姻法》《工会法》等

---

① 吴继平：《当代中国第一次普选运动研究——以北京市为个案》，中共中央党校博士学位论文，2007 年。

② 鲁丽敏：《建国初期上海首次普选运动研究（1953—1954）》，上海师范大学硕士学位论文，2012 年。

③ 赵寿山、潘自力、张凤翙、韩兆鹗：《陕西省人民政府关于组织普选人民法庭的指示》，载《陕西政报》1953 年第 9 期，第 77~78 页。

④ 张培田：《新中国婚姻改革和司法改革史料：西南地区档案选编》，北京大学出版社 2012 年版，第 378~387 页。

一系列法律。作为人民法院的组成部分，人民法庭的司法功能在于既能贯彻实施法律法规，又能近距离向群众宣传法律知识，不断增强他们的法律意识。

在土地改革时期，人民法庭通过巡回审判，受理与土地改革有关的案件。案件一般经过群众检举、审查研究、依法逮捕、组织斗争、开庭公审等程序。人民法庭注意发动群众和教育群众，事前组织群众搜集证据，支持群众当庭控诉，号召群众前来旁听审理，审判过程中征求群众意见以强化他们对土地改革及其法律政策的认识。另外，人民法庭还通过选举审判员吸纳群众直接参与审判工作。《人民法庭组织通则》规定，县（市）人民法庭半数审判员由县（市）各界人民代表会议或人民团体选举，县（市）人民法庭分庭半数审判员由设立地区的人民代表会议或人民团体（在农村中主要是农民代表会议或农民协会）选举。因此，人民法庭不仅能够惩治破坏土地改革的犯罪分子，保障《土地改革法》的落实，树立法律的权威，也能以案讲法，让群众在审判和旁听过程中理解法律，懂得运用法律来捍卫自身的合法权益。

同时，中华人民共和国成立初期司法力量薄弱，人民法院机构尚未健全，大量民事、刑事案件需要处理，人民法庭的建立有利于减轻人民法院的负担。根据《人民法庭组织通则》的规定，人民法庭的性质是"县（市）人民法院之民事庭、刑事庭以外的特别法庭，普通民事刑事案件仍由民事庭、刑事庭受理"。人民法庭成立后，受理土地改革、"三反"运动、"五反"运动、普选等专门案件，分担了人民法院民事庭、刑事庭的办案压力，使人民法院集中精力处理民事、刑事纠纷。而且由于人民法庭人员构成多样，不仅委派了司法人员，抽调了大量行政机关和人民团体的人员，还吸收了运动中的积极分子。多来源的工作人员成为人民法庭的审判员，通过参与审理工作，深入学习了相关法律知识，有助于填补中华人民共和国成立初期司法人员的短缺。

（二）社会上的功能

从社会功能上来说，人民法庭承担了维护社会秩序的重任。一方面，各类犯罪分子不仅影响了社会活动的顺利进行，还扰乱了社会秩序。具体来看，土地改革剥夺地主的土地财产，引起地主阶级的激烈反抗。地主们加害土地改革人员，甚至联合土匪、特务、反革命分子进行阴谋破坏活动，危害人民群众生命安全。"三反"运动、"五反"运动中处理的部分机关人员和私营工商业者受到资产阶级的腐蚀，以贪污、浪费、行贿、偷税漏税等手段，在经济上给国家造成了重大损失。而选举权事关人民当家作主，是公民的基本政治权利之一。

任何以暴力、威胁、欺骗、贿赂等手段妨碍公民自由行使选举权和被选举权的行为都是侵害公民的民主权利，损害国家的政治生活。这些涉及政治、经济秩序的案件都是土地改革人民法庭、"三反"人民法庭、"五反"人民法庭、普选人民法庭的审理对象。各类人民法庭依据自己的职责范围，通过司法程序惩处犯罪分子，有效维护了社会秩序。另一方面，人民法庭将群众纳入法律规制的轨道，有效避免了群众的激愤和报复行为。这一功能在土地改革人民法庭中最为突出。依照解放时期土地革命的经验，由于长期遭受地主阶级的剥削和压迫，农民获得解放后很容易对地主阶级产生狭隘的报复主义，出现暴力行为，甚至引发群体性事件。人民法庭积极引导农民通过司法途径向人民法庭反映问题，号召农民旁听审判活动，以合法合理的形式与地主阶级作斗争，从而维护了土地改革的秩序，营造了较为稳定的社会环境。

（三）政治上的功能

显而易见，人民法庭以完成政治任务为目的，带有浓厚的政治色彩。中华人民共和国成立初期，这些人民法庭是一种特别法庭，不受理普通的民事、刑事案件，只审理与政治任务相关的案件，乃至以相应的政治任务命名，土地改革人民法庭、"三反"人民法庭、"五反"人民法庭和普选人民法庭莫不如此。这是由特殊的时代背景下具体的历史任务决定的。中国共产党在长期的斗争实践中逐步意识到法律的必要性，并创立了人民法庭，协助解放战争时期的土地改革问题，人民法庭为政治服务的基调也由此定下来。中华人民共和国成立后，党和政府为在全国范围内推行土地改革政策，延续了之前的做法，设立了土地改革人民法庭，深化了人民法庭的政治属性。借鉴土地改革人民法庭的经验，在之后的"三反"运动、"五反"运动和普选运动中，党和国家也相应设立了专门的人民法庭，配合各项政治运动的展开。因特殊任务而组建的人民法庭也随着政治任务的完成而消亡。《人民日报》对土地改革人民法庭曾发表社论，称"人民法庭是适应群众土地改革运动的需要而产生的，是支持和推动群众运动的工具。因此，人民法庭的工作就必须与土地改革运动密切结合，其建立时间就不宜落在土地改革之后，否则就不能及时地起着发动群众的作用。同时，人民法庭应适应土地改革运动发展的规律，针对着运动发展的各个阶段中反动势力活动的特点和农民的迫切要求，来进行自己的工作，这样才能推动土地改革运动，才能开展法庭的工作"①。

事实上，人民法庭确实也顺利地完成了自身的政治任务，为各项运动的圆满完成"添砖加瓦"。然而其存在的问题也不能忽视。首先，人民法庭司法行政化的倾向十分明显。由于人民法庭同时隶属于司法系统和行政系统，司法行为与行政行为混同，司法规范和审判程序也为政治服务。有学者根据谢觉哉在司法培训班中"没有法用政治来司法，有了法也要用政治来司法"的讲话，总结这种司法行政化为"从政治上来立法又从政治上来司法"②。其次，被告人的权利得不到保障。《人民法庭组织通则》规定，对于土匪、特务、反革命分子的死刑判决，由省级人民政府批准，以省级人民政府主席命令执行，不得上诉。死刑作为最严厉的刑罚，被告人被判处死刑却缺少救济途径。

四、结语

总体而言，中华人民共和国成立初期的人民法庭是在特定环境下针对特定政治任务而设立的临时司法机构，其成立回应了稳定社会秩序和完成政治运动的需要。它通过司法程序严厉打击了破坏土地改革和普选的行为，惩治了反革命分子、"三反"分子和"五反"分子，起到了很强的震慑作用；同时动员群众参与审判，树立了新政权权威。由于历史原因和政治因素，人民法庭在组织运作中不可避免地存在一些偏差。但面对中华人民共和国成立初期复杂的国内外形势，人民法庭适应时代要求，基本完成了预期目标，协助完成了土地改革运动、"三反"运动、"五反"运动和普选运动，为之后人民法庭的改革积累了经验，不失为一次成功的探索和尝试。

---

① 《人民日报》社论：《做好人民法庭工作》，载《人民日报》1951年11月13日。
② 张青：《人民法庭政法传统之形成及其迭嬗》，载《甘肃政法学院学报》2014年第5期，第41~43页。

中国法律大数据产业发展研究[*]

一、法律大数据的界定及其基本特征

由于网络和信息技术的迅猛发展，生产力和生产关系发生了重大变革，传统商业模式和政府行政运作流程都在解构和重构。目前，大数据已经成为国家及其各个管理部门和各类经济主体用来预测和决策的重要工具之一，以大数据助力国家治理体系和治理能力现代化已经是国家治国理政战略的一个重要部分，利用交易过程中所沉淀的数据开展的对商业行为的分析和预测也愈发精准。不同领域产生的信息和数据在本质上是有很大差异的，而且各行业内部已经开始了对大数据利用的分工与整合，大数据产业进入了产业链细分阶段。法律大数据产业因还处于发展初期，对其并无明确界定，但获得较多认同的、较具开放性的对法律大数据的界定是："以一种前所未有的方式，通过对海量法律数据进行分析，对法律问题进行预判，获得巨大价值的产品和服务，或得出新的认识、深刻的观点和主张。"① 法律大数据这一概念有广义和狭义之分。广义的法律大数据既包括因法律行为和法律关系而产生的信息和数据，也包括其他与法律有关的信息和数据。而狭义的法律大数据只包含因法律行为和法律

---

* 原刊载于《经济与社会发展》2017 年第 2 期，此次整理有修订。

① 杨彤丹：《法律大数据是一场研究范式的革命》，载《社会科学报》2016 年 6 月 2 日。

关系而产生的信息和数据。

法律大数据主要有四个特征：第一，法律大数据原始信息存在的形式大多是文本，在对文本信息进行结构化分割之前，对其进行利用的难度是比较大的。第二，法律大数据可利用的基础信息的数量庞大，除了司法机关公布的各类法律文书，还有互联网上存贮的以及以纸质形式存在的各类信息和数据。第三，法律大数据所利用的基础信息以司法机关公布的各类法律文书为核心，相较于其他法律信息，这些信息的可信度高，其中讹误的信息较少，格式较为规范。第四，法律大数据的复杂性较高，其数据展现的相关性，既有法律的专业逻辑，也有一般社会活动的规律和所遵循的准则。

当下我国法律大数据产业发展呈现出四个特点：其一，法律大数据产业尚处于发展初期，产品和服务的研发大多未达到可被学术研究和市场利用的要求。其二，法律大数据产业的产品形式或服务模式尚未真正成型，法律大数据的经营或研究机构对法律大数据的产品或服务均处于探索阶段。其三，法律大数据行业尚需规范。其四，无论是政府相关法律部门，还是法律实务界的法官、检察官、律师，均对法律大数据产业寄予厚望。

二、法律大数据产业的功能及其存在的意义

一个产业的功能及其存在的意义必须与国家的相关战略和远期规划联系起来，对法律大数据产业而言，必不可少的则是依法治国方略的全面实施这一宏观背景。

（一）法律大数据分析与预测成为国家治理的重要手段

我们必须承认的是国家治理所要面对的这个社会越来越复杂，而且"现代社会关系的复杂性也增加了社会对司法功能的复杂需求"[①]。包括司法在内的国家法律行为的产生必须依赖更加科学的决策模式，因而目前流行的指标式法治评估模式必须加快转型和改革。中国裁判文书网、中国审判流程信息公开网、中国执行信息公开网、全国企业破产重整案件信息网、人民检察院案件信息公开网等官方信息平台收集和开放的文书和数据具有规模大、持续更新、真

[①] 顾培东：《当代中国司法生态及其改善》，载《法学研究》2016年第2期，第25页。

实性高的特点。这就为形成科学的决策奠定了必要的信息基础。

法律大数据正逐步成为国家治理战略的一部分。法律大数据的本质特征之一就是利用集体智慧来分析和决策，理想的数据分析应该可以应用到对所有个体或群体不断重复的行为或活动中。对规模足够大的数据的统计能够揭示原本隐藏在各类要素之间的关联性，数据分析能够更加深刻地揭示依靠经验无法解释的相关性。"大数据中相关性分析之所以能够为法律因果关系认定和法律类推提供启示，在于其建立在海量数据之上的基础优势，以及数据挖掘、数据关联性分析科学方法所带来的对于事实与操作标准的有效解释和处理。"[①]法律大数据分析通过回归方程的统计预测和公共政策随机试验的开展，必将对部分传统法学经验研究产生较大的冲击。法律大数据可以拓宽传统决策咨询的视域，但它又不同目前某些社会分析和政策研究中存在的过分强调其他学科方法而导致的舍本逐末的情况。法律大数据提供数据及相关性分析，而不做任何倾向性的筛选和解读，这就为治国理政建言献策提供了科学的、合理的信息基础。

（二）法律大数据有利于全社会法治共识的达成

法律大数据增大了立法、执法、司法等国家法律活动的透明度，进一步提升了法治建设过程的公共性。实际上，一般公众对中国裁判文书网、中国审判流程信息公开网、中国执行信息公开网上公布的信息的利用率是非常低的。这些基础信息即使已经被按照简明的逻辑和标准进行了归类，但对于一般公众而言依然是庞大和复杂的。更何况法律信息公开平台上公布的信息和数据也存在重复上传、命名标准不统一、涉密信息处理不当等问题，增大了公众利用这些信息和数据的难度。法律大数据分析可以部分地改变这种窘境，因为法律大数据的分析结果可以较为客观地告诉公众海量法律数据中所蕴含的规律和逻辑，对于将立法公开、司法公开、执法公开真正地落到实处有着举足轻重的作用。在政府相关机构信息公开的过程中，一定要避免程式化的为公开而公开，必须注意的是法律信息公开的最终目的是让社会公众了解我国立法、司法、执法的真实状况，对我国的法治建设和法律实施情况达成基本共识。此外，法律大数据分析还有助于法律职业共同体中数据共享机制的形成，有利于法律职业共同体内部的交流与合作。

---

① 张浩：《大数据与法律思维的转变——基于相关性分析的视角》，载《北方法学》2015 年第 5 期，第 21 页。

（三）法律大数据产业的经济效益和社会效应

法律大数据的收集、分类、利用将会产生巨大的经济效益，并形成较强的社会效应。法律大数据产业的经济效益主要体现在三个方面：第一，法律大数据产业作为新兴产业，能增加就业岗位，促进经济发展。第二，法律大数据产业是低耗能、低污染的产业，对资源的需求量较低，投入产出比较高。第三，法律大数据产业的产品形式和服务模式存在较大的发展空间，是一个颇具经济前景的产业。法律大数据产业的社会效应则主要体现在两个方面：一方面，法律大数据产业为国家法治建设和发展提供技术支撑；另一方面，法律大数据产业为传统的法律行业和信息技术行业的交流和发展提供了机遇和平台。

（四）法律大数据对于法律服务行业的意义

法律大数据的应用可以帮助决策者在弄清法律市场基本分布情况的基础上优化法律服务市场的结构，帮助法律服务提供者理顺法律服务的基本流程，提升法律服务的质量，评估法律服务的效果等。对法律服务提供者（如律师事务所、公证处等）进行的大数据分析可以应用到改善与维护客户关系上。法律大数据的分析结果可以用客观、真实的数据阐释和说明法律产品或法律服务的优势，对律师事务所等法律服务提供者的营销模式、运营模式都会产生深远的影响。

三、法律信息和数据开放的基本路径和原则

（一）通过建立统一的数据开放平台实现法律信息和数据开放

目前我国法律信息和数据的开放框架主要是由国家相关机关确立的。法律信息和数据的开放框架首先应该符合国家和政府数据开放的基本原则和思路。在国家宏观层面的大数据战略中，对于规模足够大，具有广阔应用前景和可能产生足够经济机会的信息和数据，国家视其所有权归属、属性等决定是否建立统一的数据开放平台，而法律大数据符合国家建立统一的数据开放平台的基本特征。国家通过建立统一的数据开放平台实现原始信息和数据向公众免费开

放。一方面通过信息开放实现开放、透明政府的建设，另一方面通过数据开放满足社会公众和各类法律服务市场主体共享数据的需求。而基于自建数据库进行法律大数据服务或产品研发，既可能产生原始信息和数据所有权的争议，也可能因基础信息和数据无法实时更新而影响服务或产品的时效性。

法律信息和数据开放的基本框架应采用公共数据集中开放模式，即基础信息和数据一站式供给模式，同时要着力避免因集中供给而形成的信息和数据的垄断，避免部分主体因为经济弱势地位而无法获取足够信息，确保基础信息和数据的准确性，防止因信息源的混乱造成的数据混乱和数据造假等。统一的数据开放平台也应建立信息反馈、互动机制，利用信息和数据使用者进行数据的人工识别和错误数据的校正。

（二）开放的法律信息和数据应明晰且易得易用

法律信息和数据开放的基本框架要确保开放的法律信息和数据具备清晰明了、易得易用的特点。开放的法律信息和数据应该能够方便获取和高效利用，并能够推动相应法律服务行业的发展和创新。法律信息和数据的开放不仅能增强国家法律行为的公开性和透明度，更重要的是数据中所包含的潜在效益将被开发和再利用，创造出更大的经济价值，提高社会运行的效率，为消费者提供更加优质的产品和服务[①]。法律信息和数据的开放解决了既往法律服务领域信息不对称、专业能力和水平无法客观评价等问题，消费者可以通过数据进行充分的比较，甚至获得对任何一个法律服务提供者全景式的描述和评价。

（三）以全面的法律信息和数据开放促进法律信息和数据的充分利用

法律信息和数据开放的目的是促进法律信息和数据的充分利用。与商业活动中销售、物流等信息和数据的收集和利用活动不同，对法律信息和数据的收集和利用存在很强的技术和知识壁垒，这就导致法律信息和数据开放程度高而利用程度低，且导致法律信息和数据的流动是单向度的，国家相关机关公开的信息量非常大，但得到的反馈和产业利用成果却比较少。因此，法律大数据的

---

① 卢依、蔡雄山：《欧盟的数据开放政策》，载腾讯研究院：《互联网＋时代的立法与公共政策》，法律出版社 2016 年版，第 299 页。

基础信息和数据不仅应开放，还应该通过多种手段促进其流动，并在流动中实现交互使用模式的真正形成。法律大数据产业中的服务和产品创新都要依托国家统一的数据开放平台公开的基础信息和数据来完成，其基本操作大致分为三个阶段：第一个阶段是依据服务或产品需求提取基础信息和数据；第二个阶段是按照服务或产品的内在逻辑进行基础信息和数据的聚合；第三个阶段是对服务或产品的利用，并不断重复前两个阶段，以实现数据更新。全面的信息和数据开放对于以上三个阶段都有极为重要的意义：一方面可以为数据的流动和利用提供更多的素材，另一方面通过提升基础信息和数据的量级提高了大数据分析结果的科学性和准确性。

四、法律大数据产业的基本结构和布局

（一）法律大数据产业宏观布局的两个主要方向

法律大数据产业的发展有两个主要方向：一个方向是公共化。法律大数据产业发展的公共化一方面即前文所述的将法律大数据运用到国家治理中，让法律大数据为国家法治建设、社会治理、法律服务行业结构的调整与优化服务；另一方面则是希望通过法律大数据的系统应用助力公民对政治活动的多元参与，维护公共利益。另一个方向则是商业化。商业化主要体现在将法律大数据运用到法律服务中，例如运用法律大数据为委托人预测判决的结果，运用法律大数据为律师受委托进行辩护的效果进行评估等。法律大数据产业的这两个发展方向之间是不冲突的。法律大数据产业的公共化符合我国法治建设的基本思路和逻辑，法律大数据产业的商业化则顺应了法律服务市场变革和调整的需求，二者可以和谐共存并围绕社会公共福利的保障和实现来完成良性互动。

（二）法律大数据产业参与者的类型化

按照纵向产业链上作用的不同，法律大数据市场中的主体可以分为信息提供者、数据提供者、数据开发者、数据使用者、数据交易中介平台、行业监管者。当下的法律大数据产业中，各类主体的界分并不明晰，行业也尚无明确的知识产权界定方式和监管者，这些都必须在法律大数据产业结构的进一步完善中逐步明确，并通过行业各类主体的明确实现法律大数据整个产业链的建设。

法律大数据产业的参与者按照其所拥有和处置的数据的规模和范围大致可以分为三类：第一类是大型基础数据库平台，如中国裁判文书网等，此类数据库的建设应该被国家规划和限制，避免重复建设或违法建立国家法律信息公开平台的镜像。第二类是小型商业数据库和数据分析商，提供某一类或某一部分法律信息和数据的查询和分析或归类服务，传统的法律数据库大多要向此类模式转型。第三类是专项数据分析和整理服务提供商，主要针对客户所积累和沉淀的大量信息进行数据整理和大数据分析。

（三）法律大数据产业主要产品的类型化

目前，法律大数据产业中的主要产品可以分为三大类：第一类是法律大数据分析和预测类产品。通过对既有信息的大数据处理，可以对特定行为的基本模式、趋势、结果进行分析与预测。此类产品的主要形式有对法律逻辑和裁判规则进行提炼，对某种犯罪行为的定罪和量刑结果进行预测，对特定群体与法律相关特征的描述和分析，对特定领域或行业法律问题的总结等。第二类是法律实务辅助工具，如法官、律师的办案辅助工具，案件流程管理工具，文档整理工具等。这类应用的输出方式主要是电脑或手机软件。第三类是交互式的人工智能产品，可以实现部分标准化、重复性高的咨询、辅导等服务。通过将从外部接收到的信息进行格式化分解，并进入大数据平台进行比对和分析，输出解决方案或意见。常见的应用方式如人身损害赔偿计算、针对性的律师推荐等。

五、法律大数据产业发展中可能出现的偏差及其预防

（一）法律信息和数据使用中存在侵权行为和资源浪费现象

法律信息和数据尤其是判决文书等法律文书是国家作为国家资产或公共资源的一部分在使用和管理的，目前众多法律大数据企业通过建立中国裁判文书网等国家数据开放平台的镜像来建立数据库，这种做法不仅存在知识产权上的争议，更是一种重复建设和资源浪费行为。政府相关机构建立的法律数据库从所有权上看是一种国家成果或公共科研成果，在法律大数据产业发展中要注意处理好公共科研成果与私人学术成果转化或商业转化之间的关系，要注意预防

法律大数据领域的侵权行为。要极力避免产业发展到一定阶段后大企业对信息和数据的垄断，因为信息和数据垄断造成的数据壁垒会阻碍相关领域的创新和发展。同时，也不能放松对行业的监管，以免造成无序竞争和资源浪费。

（二）法律大数据应用过程中忽视个体或个案

大数据的"大"体现在数据的量上，法律大数据也不例外。利用法律大数据开展理论研究和具体应用的基础是必须有一个体量足够大的数据库，来保证大数据分析所依靠的信息"要全数据不要抽样"①。目前，法律大数据应用的主要方向是利用海量数据分析事物或行为的规律、趋势，这种应用思路和方法注重的是趋势，但可能因此而忽视作为大数据分析对象的原始信息的差异性，尤其是在法律大数据技术应用的初期，这种忽视是很常见的，并可能直接导致对于个体或个案本身特性的忽视。法律大数据技术可能助推这种错误的延续或扩张，因为大数据在分析和总结过往某种行为规律的同时，也可能是在总结和分析某种错误的或不合时宜的规律。在这种情况下更应该注意法律大数据所反映的一段时间内的客观事实，这种事实的是非曲直还需要进一步探讨或验证。

（三）法律大数据利用过程中不当的信息公开

大数据技术是一把"双刃剑"，在大数据时代，我们的一举一动都能在某个数据库中找到线索②。要注意数据公开、数据获取、数据分析与个人隐私保护之间的关系。法律大数据绝不是简单的数据集合，立法、司法、执法等信息集合成为法律大数据后，将产生新的社会效益或经济效益。相应地，如果对法律大数据使用或保管不当，对于法律大数据所涉个人或组织造成的损害也远大于对一般信息应用不当所造成的损害。因此，必须注意对法律大数据的保存并建立起相应的监管机制。这方面的研究较多，本文主要侧重于法律大数据产业的发展，对此问题不赘述。

---

① 刘佳奇：《论大数据时代法律实效研究范式之变革》，载《湖北社会科学》2015 年第 7 期，第 143 页。

② ［美］艾伯特-拉斯洛·巴拉巴西：《爆发：大数据时代预见未来的新思维》，马慧译，中国人民大学出版社 2012 年版，第 12 页。

六、对法律大数据产业发展的建议

（一）政府应加强对开源法律数据的管理，做好基础数据库建设工作

法律大数据中的原始信息和数据大多产生于政府的立法、司法、执法过程中，作为原始信息和数据产生源头的政府机构，应做好对法律大数据产业发展的引导和规范工作。具体来说，主要有以下四个方面：

第一，原始信息和数据的筛选、整理和公开工作。法律大数据产业发展中最重要的产业基础就是在政府公开的立法、司法、执法过程中产生的信息和数据。一方面，国家相关机构应严格遵守立法公开、司法公开、执法公开的相关原则和限度，做好信息公开工作；另一方面，政府相关信息管理和监管机构应系统规范国家各个机关信息和数据公开的标准和模式，为信息和数据的统一筛选、整理和进入数据库做好准备工作。

第二，法律数据的横向整合工作。目前，国家各个法律部门公开的信息和数据很多还处于割裂状态，以刑事案件为例，法院公开的裁判文书与检察机关公开的立案、侦查、起诉信息无法实现有效、准确的对接。国家各个法律部门的数据库建立标准不统一，无法实现数据之间的匹配和对接。政府相关部门应统一标准，协调工作机制，实现各机关之间关联信息或数据的匹配和对接，这对做好后期的数据识别和整理工作有着非常重要的意义。

第三，原始信息和数据中涉密信息的处理工作。各信息公开机关要依照相关法律标准做好原始信息或数据中涉及国家机密、商业秘密和个人隐私部分的处理工作。法律大数据公开平台应该设置二次审查机制，防止以上信息的泄露，做好法律大数据产业中的保密工作和个人隐私的保护工作。

第四，规范、高效、易用的法律基础数据库的建设和管理工作。法律大数据产业发展中最重要的产业基础设施就是全面、系统、科学的法律基础数据库。在产业基础设施建设方面，政府相关监管机构应严格限制基础数据库的重复建设。考虑到国家机关是法律大数据重要的基础信息和数据来源，或可选择采取由国家建设统一的法律数据公开平台，并设定个人免费使用、商业利用则需向国家支付相应费用的方式，实现法律数据库的共享。

需要特别强调的是，与在其他产业的发展中扮演的监管者角色不同，在法

律大数据产业中，政府首先要做好产业的重要参与者的角色。在这个新兴的产业中，政府既要保证原始信息和数据的稳定供给和供给质量，又要设计好基础设施的建设规划。

（二）政府在做好产业监管者的基础上应充分鼓励市场的发展与创新

在法律大数据产业发展中，政府除了要做好基础信息和数据的开放工作，还要做好市场监管工作。在监督、规范和促进法律大数据产业发展方面，作为产业的监管者，政府应从以下四个方面努力：

首先，优化产业结构，防止因垄断的产生而阻碍产业的良性发展。监管者应该保证市场处于稳定的秩序中，并且具有较高的效率，为此必须做好两方面的工作：一方面，监管者应使产业中的各类主体保持适当的比例，其中既有对不同规模的竞争者所占市场份额的控制，防止产业寡头或垄断者的出现，也包括使产业链中不同性质的市场主体保持适当的比例。另一方面，监管者应着力防止因行政权力、市场势力形成垄断而导致市场的低效率和发展的停滞。

其次，在保证信息和数据安全和充分开放的基础上，充分鼓励法律大数据产业的发展与创新。市场具有不可估量的创新能力，并能够形成一套自有的秩序，在市场中没有出现损害产业中各类经济主体和消费者权益的情况下，监管者适当隐形，以便给予市场主体较大的发挥空间。

再次，做好法律大数据信息或成果所有权的确权工作。在这个数据已经成为一种重要经济资产的时代，只有在明确界分产权的基础上，才能对产权进行有效保护，并借此鼓励基于自身努力的可以使法律大数据技术和分析结果增值的行为。

最后，通过立法和制定相关政策等手段鼓励法律大数据产业向纵深发展。信息技术行业的特征之一是在短时间内不必过分追求产业的规模，因为在产业技术或产品相对成熟后，市场规模的扩大是可以以极快的速度完成的。因此，监管者应通过多种手段鼓励法律大数据产业向专业化、精细化的方向发展，通过各类产业政策的制定鼓励法律大数据分析工具及相关服务和产品的研发，实现法律大数据技术成果的产业转化。

此外，产业竞争有一个隐含的时间维度[1]，监管者一定要注意法律大数据

---

[1] ［美］乔治·J. 施蒂格勒：《产业组织》，王永钦、薛锋译，上海三联书店 2006 年版，第 9 页。

产业发展的阶段性特征。目前我国法律大数据产业尚处于发展初期，各国也并无成熟的监管经验可供借鉴，因此，在产业中各类经济主体不破坏社会稳定与秩序、不损害个体权利的前提下，在短时间内，可既不对各类主体施加过多的限制，也暂不给予过多的政策性扶植，为市场主体的自主性探索和发展留出充分空间，同时也能较好地控制国家的规制和监管成本。

（三）拓宽法律大数据领域政企合作的渠道和路径

信息作为现代社会中的三大资源之一（另外两类资源为物质和能量），正在推动国家产业规划和战略的转型。在法律大数据产业的发展中，作为法律大数据产业重要的参与者，政府及其相关机构应通过立法规范和引导包含法律大数据在内的国家和政府数据的开发和利用。政府应该与产业界、学术界以及非营利性组织一起，共同充分利用大数据所创造的机会①。在国家大数据战略的引领下，在法律大数据领域展开广泛的政企合作，具体路径主要有以下四个：

其一，建立产业发展促进基金，作为天使投资人投资有潜力的法律大数据科技研发的个人或组织，孵化一批有代表性的拥有领先技术的提供法律大数据相关服务或产品的公司，以资本介入的市场化方式参与到产业的形成过程中，通过适度参与市场行为深度挖掘法律大数据中蕴含的巨大经济效益和社会效益。

其二，积极推广法律大数据的应用，将法律大数据广泛应用于国家网络安全、社会治理、经济管理等方面。通过法律大数据的应用实现司法为民、行政便民，并通过法律大数据公开和解释立法、司法、行政等信息。这一方面使得社会管理者与被管理者之间的关系更加和谐，形成顺畅的沟通渠道；另一方面可以极大地提升我国信息和数据产业方面的综合实力。

其三，对政府所需的法律服务进行分类，将其分为政府系统内提供的法律大数据服务和从外部获取的法律大数据服务。一般来说，原始信息的存储、涉密信息的处理等属于政府系统内提供的法律大数据服务，而对原始信息的整理、分析属于可以从外部获取的法律大数据服务。在对政府所需法律大数据服务进行识别和分类的基础上，实现政府部分法律服务的市场采购。这样做一方面可以降低政府在信息化建设方面的成本投入，另一方面也将激发法律大数据

① 赵国栋、易欢欢、糜万军、鄂维南：《大数据时代的历史机遇：产业变革与数据科学》，清华大学出版社 2013 年版，第 58 页。

产业的市场活力。法律大数据运用对优化法治资源配置有着重要的意义，尤其是对重新配置司法系统和行政系统内的资源有着积极的作用，政府可以通过从市场购买法律大数据分析服务的方式来改进法治资源分配的模式和方法。

其四，政府应通过多种方式鼓励和促进法律大数据人才的培养，尤其是要重点培养一批既具备一定法律知识，又拥有数据处理和分析技能的具有交叉学科背景的理论研究和实践应用人才。可以通过设立科研项目、批准建设相应专业、建设产业园区等方式实现对法律大数据人才的帮扶和培养。

（四）以长远、开放的眼光看待法律大数据产业的边界及预期规模

目前法学界和法律实务界对法律大数据的关注多集中于司法裁判文书和司法统计方面，并认为法律大数据分析的历史性机遇主要是指近年来司法信息和数据的公开[①]。这一方面是因为司法信息和数据的公开在政府信息公开中确实是走在前列的，另一方面司法和案例的研究确实在法学界占有十分重要的地位。但客观地说，这种情况实际上限制了法律大数据产业的发展和预期规模，因为法律实务中还会产生大量的关于立法和行政执法的信息和数据，这些信息和数据对于评估立法、执法效果，甚至是评估我国的法治建设成效都有着十分重要的作用。另外，这些法律信息和数据对扩大法律服务市场的规模也会起到积极的作用。因此，我们需要用更加宏观和开放的视角界定和分析中国的法律大数据产业。宏观的视角指的是应该站在更高的位置看待中国的法律大数据产业，不要把法律大数据简单地限制在立法条文及司法案例信息和数据中，应该注意到法律大数据还应该包含执法、公证、法学教育、法律服务市场等重要领域的信息和数据。而开放的视角则指的是中国的法律大数据产业关注和利用的不应该仅仅是官方开放的信息和数据，还应该包含互联网等媒介上发布的信息和数据。例如，可以对自媒体上公众对于法律信息和法律事件的评论信息和数据展开舆情分析。

---

① 王竹：《法律大数据要注重质与量的提升》，《社会科学报》2016年6月2日。

七、结语：法学理论界应客观、冷静地看待法律大数据产业

（一）法律大数据分析对既有法学研究方法的影响

大数据研究中的很多例子证明：只有信息样本足够多、数据量足够大，才能发现事物存在和运行的规律。这就说明大数据的产生和大数据的研究方法与视角会给许多社会科学研究带来转型的机遇。法律大数据同样为法学（法律）研究带来了巨大的冲击。无论是立法、司法、执法行为，还是受法律调整的社会关系和行为，都受限于社会发展基本规律和法治的基本精神，法律大数据会展现出这些关系和行为的规律性和可预测性。这使得法学研究可采用的研究方法和得出的研究结果更加科学和有说服力，理论研究者和法律实践者不必再纠结于理论研究成果的实践基础和实践意义，也不必再纠结于所谓的教义法学和社科法学孰是孰非，因为法律大数据将重构法学研究的基础，规范适用情况将可统计，规范适用结果将可预测；而社科法学所提炼的典型案例或虚构案例将失去主要意义，因为法律大数据可以帮助我们找到法治实践中什么是真正值得关注的。对于立法、司法和执法的评估不再单向度地依靠问卷等信息获取方式，而是更多地通过公共政策随机试验完成，获取的数据更加真实和完整。

法律大数据收集与分析方面的创新和革命是利用信息和数据开展科学决策的基础，法律大数据分析通过回归分析、随机验证、交叉比对等方法对决策行为进行事前引导和事后评价。法律大数据分析技术的创新不仅会带来国家治理方式的革新，还会对传统法学研究方法造成一定的冲击。无论是传统的法学规范研究方法或教义法学研究方法，还是晚近兴起的法经济学、法社会学、法政治学等利用多种学科方法和工具展开的法学研究，其开展研究的基础中的法律文本和对法律的经验性评价都无法实现全面的量化统计和分析，尤其是在占据法学研究主流地位的教义法学研究中，关注的主要是法律体系内的逻辑性和自洽性，对法律的具体实施情况并未予以充分关照。而最近兴起的社科法学研究方法在一定程度上突破了部门法的藩篱，使某些涉及多个部门法的疑难问题得到关注。虽然社科法学仍然未能进入法学研究的主流范畴，但确实已经成为教义法学研究方法的有效补充。但即便是在教义法学和社科法学共同构建的法学研究方法体系中，对法律制度的预设功能与实际效果的比对与验证都缺乏有效的、科学的工具，而法律大数据分析方法的优势正在于此。可见，在法学理论

研究中，法律大数据分析方法必将占据更大的空间和拥有更高的地位。

事实上，法律大数据分析方法与法学的规范和社会科学研究方法都是可以共谋发展的，法律大数据分析方法并不会也不能完全替代既有的法学研究方法，却可以对既有的法学研究方法形成有效的补充。有了法律大数据分析方法和分析结果的帮助，法学研究工作可以探索这样一条新的研究基本路径和思路：提出假设——数据验证——理论分析。依此路径对法学理论研究中的理论问题进行研究检验具有极高的可行性和执行效率。具体而言，法律大数据分析方法和分析结果可以为法学理论界和法律实务界提供以下三个方面的帮助：

第一，在立法方面，法律大数据的分析结果有助于更加科学、高效、全面地评估立法效果。例如，通过对司法文书、执法文件中引用法律条文的分析，可以得知法律条文的适用情况，进而找出规范中的不合理之处，这对法律的修改和完善有着十分重要的作用。

第二，在司法、执法、普法等法律实践方面，法律大数据的分析结果有助于提炼裁判规则和执法行为的规律，并有助于对司法、执法的过程和结果形成一套科学的量化评估标准，对法官、检察官、律师等法律专业人士的工作可以进行更加有效的评价，对普法的效果可以进行全面测评，对法律实施的过程也可以进行更加全面、系统的检测，对预防冤假错案、过度执法等有重要意义。

第三，在现实法律疑难问题和突发事件的应对方面，法律大数据能够协助司法、执法或其他社会治理机关得到更加全面的事件基本情况、公众舆论、过往案例的处置方案和处置效果、相关法律依据等信息，对其合理处理疑难、突发社会问题，及时回应社会公众的治理需求有极大的帮助；有了法律大数据的帮助，法律专家能够对实践中的难题给出更有针对性的对策和建议；有了法律大数据提供的支撑，理论研究的成果必将更加言之有物。

（二）法学理论界对待法律大数据的应有态度

客观地说，法律大数据对于法学理论界而言，是挑战与机遇并存。法学理论工作者只需顺应时代发展之势，平静地看待法律大数据产业的发展即可，不必危言耸听地提出法律大数据将颠覆传统法学研究方法，也不必对法律大数据分析不屑一顾。在面对法律大数据的时候，建议法学理论工作者秉持以下三种工作态度：

第一是对法律大数据要客观、理性地接受。法学理论工作者应正视法律大数据等新的研究方法和研究资源，要客观地看待法律大数据产业的功能和作用，并理性地分析法律大数据应用的利弊得失。

第二是要合理、适度地运用法律大数据。在科学分析法律大数据运用的成本与收益的基础上，在恰当的时机、合适的场域中运用法律大数据，协助研究者总结事物发展规律或探求解决问题的系统性方案。

第三是要与从事法律大数据收集和分析工作的个人、机构进行友善、积极的沟通。法律信息和数据的开放程度决定了法律大数据研究的壁垒不在于信息和数据本身的获取，而在于提取和分析法律大数据的思路和方法。这既是一个信息技术问题，又是一个法律问题，并无法单方面找出最佳方案，因此，需要法学理论工作者与从事法律大数据收集和整理工作的个人和机构保持良好的沟通，通过阐释法律体系内部的特征和法律实践的基本规律，为法律大数据的收集、整理、分析提供参考，进而形成二者的良性互动。

中国特色公职律师制度的试点经验及其完善路径研究[*]

　　我国颇具特色的公职律师制度试点运行的十余年间，各具特色的地方试点积累了十分丰富的实践经验。随着法治国家、法治政府、法治社会一体建设的稳步推进，国家对公职律师制度建构和完善的顶层设计思路愈加明确和清晰，中国特色公职律师制度的宏观框架已经成型。我国公职律师制度的构建和实施有三个重要的背景性因素：第一，我国律师管理体制的系统性重塑。《中共中央关于全面推进依法治国若干重大问题的决定》明确提出要"构建社会律师、公职律师、公司律师等优势互补、结构合理的律师队伍"，即按照律师所从事业务的专业领域、类型与特征，对律师进行分类管理，总体上将律师群体分为社会律师、公职律师和公司律师。按照所从事法律事务的类型及其蕴含的基本工作规律，为不同的律师群体设定有针对性的、专门的管理模式和评价标准，从而实现对其发展的积极促进和有效管理。第二，对律师法律地位、权利义务的全面明确和对律师执业权利的保障。对于处理不同性质法律事务的律师，依照其所处理法律事务过程的实际需求，将对其执业权利的保障具体化、情境化，并真正落实到律师与各类国家机关、社会主体的沟通和交往中。第三，我国现代化政府法律服务体系的建设。随着依法执政和依法行政相关改革的快速推进，政府运作过程本身对法律服务的需求更加明确和迫切，且有一部分需求

---

　　* 原刊载于《兰州大学学报（社会科学版）》2018 年第 1 期，此次整理有修订。

因保密性和专业壁垒的存在，只能通过公职律师在政府系统内部得到满足。此外，公职律师作为法律专业人士，在政府的运作过程中始终保持和展现着法律人的独立性特征，在执业过程中可以实现对行政权力运作的有效制约和监督，并凭借这种专业性和独立性成为政府机构与社会公众进行理性对话与沟通的有效渠道。在以上三个宏观层面因素的引导下，公职律师制度的改革与完善走入了新的历史阶段。在这个重要的历史节点上，十分有必要对过往公职律师试点工作中显现的典型问题和积累的宝贵经验进行全面的总结，以期能够在此基础上提出完善中国特色公职律师制度的具体思路。

一、公职律师的职责定位

（一）公职律师的职责范围

1. 划定公职律师职责范围时需要注意的问题

在讨论和界定公职律师职责范围时有三个问题需要特别注意：第一，部分地区的试点中特别规定公职律师只能为所在单位或所在系统提供职责范围内的法律服务，产生以上规定最主要的原因是绝大部分公职律师并非专门处理法律事务，而是在政府机构内部还承担着某一具体岗位的工作，现实中难以分身为其他机关或单位提供服务。但从更加合理地配置政府系统内部法律服务资源的角度看，全面限制或禁止公职律师为所在单位或系统外的主体提供法律服务是有不合理之处的，应该更好地发挥公职律师队伍的整体作用，更加科学地配置公职律师资源。第二，公职律师对政府法律事务的参与可以按照参与程度和参与方式分为直接参与和间接参与两种。间接参与的方式主要是协同服务，即公职律师被动地为政府行为提供法律风险预防和监控服务。这方面的职责十分重要，但在划定公职律师职责范围时却容易被忽视。第三，在各地公职律师的职责范围内，公职律师的服务对象主要为行政机关、事业单位、人民团体，但实践中公职律师还有一个重要的服务对象，那就是国有企业或政府作为出资人的国有资产管理企业。可以说，对公职律师职责范围的界定实际上是呈现扩大化趋势的。

2. 公职律师职责的类型化

无论是在各地公职律师的制度试点中，还是在对公职律师的访谈中，颇为统一的认识是公职律师就是政府的律师。具有公职律师资格的国家工作人员，除了完成所在岗位的工作，还需依照政府机关对法律服务的现实需求提供法律服务。实践中，按照公职律师承担具体法律工作的性质和特征，可将公职律师的职责分为四类。第一类是法律风险审查与控制型职责，即为所在单位制定系统性的法律风险防控和应对方案。第二类是作为诉讼代理人参与涉及政府机关的行政诉讼、民事诉讼案件的职责。公职律师参与诉讼活动的身份有两种：一种是受行政机关、事业单位、人民团体的委托，作为代理人参加诉讼，公职律师事务所的专职公职律师参加诉讼皆属此种情况；另一种是公职律师作为政府机关派出的代表（当事人）参加诉讼。第三类是纠纷调处、分流、化解类职责。比较典型的如各级工会的公职律师所从事的法律事务。《中华全国总工会、司法部关于进一步加强工会公职律师试点工作的意见》明确指出，工会公职律师的主要职责是工资集体协商、劳动争议调处。此外，公职律师参与化解涉诉涉法信访等工作也属此类职责范畴。第四类是法律规范、法律文书、文件起草、整理和审查职责。随着依法行政的逐步推进，行政法规和机关文件中法律文件的数量大幅增加，很多机构都需要专门人才完成此类工作。从专业技能和知识背景来看，公职律师是承担此项职责的最佳人选。需要说明的是，以上四种类型的公职律师职责并非相互排斥。从各地公职律师工作的总结和报告中可以看出公职律师工作的复合性和多元性。对公职律师的主要工作进行识别、对公职律师的职责进行类型化，是为了科学合理地设置公职律师的职责范围、考评标准，并为公职律师的履职提供全面、有效的保障。

（二）公职律师事务所与政府法制办公室职责的区分

在公职律师制度的试点中，通过设立公职律师事务所实现对公职律师管理的模式下，最容易出现的问题就是公职律师事务所与政府法制部门在职能定位和业务范围方面发生重叠或冲突。有人提出应该"将政府现有的法制办公室统一回归司法局，名称更改为'公职律师办公室'，解决职能重叠问题"[①]。公职律师事务所与政府法制办公室在职责方面的重叠甚至冲突主要是由于公职律师的管理模式尚未完全明确，试点地区一般都是依靠公职律师管理部门负责人较强的个人能力来协调公职律师事务所与政府法制办公室之间的关系，并形成了一个基本的公职律师承办政府法律事务的规则，即只有政府法制部门主动提请

---

① 王保安、关晨霞：《中国公职律师制度研究》，载《中国司法》2008年第7期，第61页。

公职律师事务所协助或处理的案子，公职律师事务所才会派员介入相关法律事务的处理，且其介入的程度和范围皆由政府法制部门设定。

（三）公职律师与政府法律顾问职责的区分

《中共中央关于全面推进依法治国若干重大问题的决定》明确提出："积极推行政府法律顾问制度，建立政府法制机构人员为主体、吸收专家和律师参加的法律顾问队伍，保证法律顾问在制定重大行政决策、推进依法行政中发挥积极作用。"在关于公职律师职业性质的探讨中，有部分人认为公职律师就是政府法律顾问[1]。目前的实践中，"政府法律顾问大多扮演着没有实质约束力的咨询角色"[2]，政府法制部门人员、公职律师和政府法律顾问三个群体的人员存在着部分重叠，但在很多地区政府法律顾问都是特指政府外聘或外请的律师、法学研究者等法律专业人士。在政府重大决策的合规合法性审查、规范性文件的起草和讨论、政府重大决策、行政诉讼、行政复议案件的处理等法律事务的处理中，公职律师和政府法律顾问所起的作用并没有明显区别。但从主体性质和二者与政府机构形成的法律关系角度看，公职律师的意见为政府内部法律意见，政府法律顾问的意见为政府外部法律意见，在独立性和立场方面是有较大区别的。另外，考虑到目前政府法律顾问都还未与政府机关建立实质性的法律关系，因此，在公职律师制度的试点中，政府日常法律事务一般由岗位公职律师负责，有重要规范制定、涉及重大行政诉讼案件等情况时，才由公职律师和政府法律顾问共同参与。

（四）公职律师与外聘社会律师职责的区分

政府机关满足自身法律服务需求的方式有两种：一种是寻求外部社会法律服务资源的供给，即外聘社会律师；另一种则是挖掘或重新分配政府机构内部法律资源，通过资源的激活和调配实现供给与需求的内部平衡。一个地区是否应该设立公职律师事务所或一个行政机关、事业单位是否应该设置专门的公职律师岗位，应该基于区域内的社会、经济、文化发展情况或一个机构的权责范

---

[1] 高志强：《广州公职律师机制的理论探索》，载《中国司法》2005 年第 6 期，第 43~46 页。

[2] 宋智敏：《从"法律咨询者"到"法治守护者"——改革语境下政府法律顾问角色的转换》，载《政治与法律》2016 年第 1 期，第 60 页。

围、业务特点来决定，不能一概而论。仅从成本角度分析，如果所需的法律服务并未涉密，外购法律服务的成本低于设置公职律师岗位的成本，且服务质量能够保证，则应选择对外采购法律服务的方式满足自身需求。此外，还有一种情况就是政府机构、事业单位内设的公职律师不足以处理单位的法律事务，则外聘社会律师成为有效的补充。在职责方面，目前区分公职律师和外聘社会律师为政府机构、事业单位提供法律服务过程中权责的最主要的标准就是法律事务是否涉密，而外聘社会律师因受到委托关系、律师职业道德的约束，也能够在处理法律事务时做好保密工作，所以更应从需要处理的法律事务的难度、数量、效率等方面考虑是否需要外聘社会律师。

二、公职律师的管理模式

（一）公职律师的双重管理：身份管理与岗位管理

在四川、广东、福建等地公职律师制度试点之初，基本都是在综合考量地方现实因素、公职律师任职单位实际情况和需求以及其对法律人才的吸引力等因素的情况下，初步设置公职律师的人数。这种管理方式的实质是将公职律师作为任职单位内的一类岗位来进行管理和调配。但随着公职律师试点工作的逐步推进，多种公职律师管理模式出现，已经从根本上颠覆了这种管理模式。公职律师既可以是公务员，也可以是外聘法律专业人士；既可以是一个专门从事法律事务的岗位，也可以是赋予并非专门从事法律事务岗位的人员的一种专业身份。也就是说，现在对公职律师实施的管理实质上是身份与岗位的双重管理。

（二）公职律师管理模式的类型化

在过往十余年我国各地公职律师制度的试点工作中，出现了以下三种较具代表性的公职律师管理模式：

第一种是以扬州模式为代表的外聘社会律师转任公职律师模式。"扬州公职律师不是公务员，而是市政府面向社会公开招聘的政府雇员，没有行政职务，不行使行政权力。"① 在扬州市司法局内设立公职律师办公室，负责公职律师选拔、管理、培训、考核等。由公职律师办公室统一接受政府、行政机关、事业单位的委托，公职律师办公室在分案、案件管理等日常管理中与律师事务所相似。扬州模式最大的特点在于公职律师的身份既非国家公务员，也不是一般在律师事务所执业的律师，而是与政府建立合同关系的雇员。因此，在管理上需要新设公职律师事务所。扬州模式存在的最大问题也源于公职律师身份的特殊设定，它使得公职律师在管理上游离于国家公务员和律师管理体制之间，缺乏必要的确定性。

第二种是以厦门、山东和四川模式为代表的岗位公职律师模式。岗位公职律师模式又可细分为两种：一种是以厦门为代表的通过所在单位对公职律师进行管理的模式。厦门的公职律师"由所在单位进行人事管理、考核培训、职务晋升，司法行政机关负责对公职律师进行资质管理和业务监督"②。厦门模式的特点在于其对公职律师的管理简单且直接，避免了多头管理带来的权责界分不明问题。厦门模式中出现的最主要的问题就是由公职律师所在单位对公职律师进行日常管理容易导致公职律师对自己律师身份的认识淡化，机构或组织内公职律师岗位的设置易被虚化。另一种是以山东、四川为代表的通过公职律师办公室实现对公职律师的管理。山东淄博市周村区在 2003 年成立周村区公职律师办公室，为正科级常设机构，办公经费由区财政单独划拨。周村模式在山东省内推广后，山东省共批准设立省工商行政管理局、山东银监局、济南市公安局等 13 家单位公职律师办公室③，负责公职律师管理和保障工作。四川模式中，四川省监狱管理局、四川省戒毒管理局等垂直管理的系统内已经开始大力发展公职律师，并在四川省监狱管理局、四川省戒毒管理局内设立公职律师管理办公室，负责全系统内公职律师的管理和保障工作。四川辖域内非垂直管理的行政机关、事业单位、人民团体，如公职律师数量超过 3 名，可在省级司法行政机关批准的前提下，在本单位内设立公职律师办公室，负责公职律师的管理和保障工作。

第三种是以广州模式为代表的双轨制公职律师管理模式。广州模式探索的

---

① 阚肖虹：《"政府雇员"——扬州公职律师模式的探索与思考》，载《中国司法》2009 年第 11 期，第 71 页。

② 文心：《处在理想与现实之间的公职律师——"公职律师理论与实践研讨会"综述》，载《中国律师》2007 年第 9 期，第 87 页。

③ 张良庆、李华培：《关于山东公职律师试点工作的调查与思考》，载《中国司法》2015 年第 11 期，第 41 页。

是公职律师管理的"双轨制"①，该模式将公职律师分为两类：一类是专职公职律师，即供职于市、区（县级市）两级律师事务所的公职律师；另一类是岗位公职律师，即"分别任职于公安、国土、税务、工商、民政、质监、海关、检验检疫等 50 多个省市单位的法务部门"②，被授予公职律师资格的国家公务员。广州模式最大的特点在于设立了专门的公职律师事务所，由公职律师事务所负责辖域内公职律师的管理工作，进而实现了公职律师管理模式与社会律师的"律师在律所执业、律所管律师"管理模式的融合。此外，广州模式还强化了公职律师对自身律师身份的认知和认同。无论是专职公职律师还是岗位公职律师，在对外代理政府机构法律事务的时候，都可以在公职律师事务所开具所函。特别值得关注的是，岗位公职律师在代表所在单位参加行政诉讼、仲裁等活动时，既可以选择以代理律师的身份出现，也可以选择以所在机构代表的身份出现。他们一般都会选择向公职律师事务所申请开具所函并以代理人的身份出现，因为岗位公职律师普遍认为代理人的身份更能体现自身的专业性和独立性，更能在专业活动中与相对人进行理性的对话和沟通。在对广州公职律师试点情况进行调研的过程中，关于公职律师队伍对广州模式的认识，公职律师群体普遍认为，广州模式的最大优势在于其使岗位公职律师对自身律师的身份有很强的归属感和认同感。广州公职律师事务所常态性地组织辖域内所有公职律师的培训、交流等活动，全面协调公职律师的执业权利保障等问题，使得广州的公职律师在法律职业共同体中的交流和活动情况要优于其他试点地区。

简单地说，目前公职律师的管理主要有两种思路：一种是用管理国家公务员的方式管理公职律师，另一种是用管理国家公务员加管理律师的双重管理模式管理公职律师。前一种管理思路中出现的最大问题是无法凸显公职律师工作的专业属性，无法使公职律师对自身律师的身份产生归属感和职业尊荣感；后一种管理思路中出现的最大问题是对公职律师的工作施加了过多的限制，管理规范不符合公职律师的工作特点和规律。

（三）公职律师的管理主体

在我国十余年的公职律师制度试点中，出现了三种享有公职律师管理权限

---

① 高志强：《广州公职律师机制的理论探索》，载《中国司法》2005 年第 6 期，第 43～46 页。

② 谭祥平、蒋泓：《公职律师服务政府法治建设探析》，载《中国司法》2015 年第 2 期，第 43 页。

的主体：第一种，公职律师事务所。广州市公职律师事务所是"经广州市机构编制委员会批准成立的参照公务员法管理的正处级事业单位，核定人员编制18名"①，设主任一名（处级），副主任一名（副处级）。第二种，司法行政机关内设立的公职律师办公室。在不同地区的试点中，公职律师办公室有的有专门的编制配备，有的则没有（如厦门）。第三种，行政机关、事业单位或人民团体内设立的公职律师办公室。结合域外管理公职律师或政府律师、公设辩护人的经验，除我国公职律师试点中出现的以上三类管理主体外，还存在由非营利性组织管理带有社会公益性质的律师群体的情况，如美国新罕布什尔州与西弗吉尼亚州就是由非营利性组织享有管理公设辩护人的权力②。在确定由哪一个机构来负责公职律师的管理和保障工作时，应重点考虑管理机构对公职律师工作的特有属性和规律是否了解，是否能够承担并很好地完成公职律师的管理和保障工作。

公职律师执业资格的授予目前属于省级司法行政机关的权限范围。由省级司法行政机关负责公职律师证的发放没有不妥之处，但在具体的公职律师管理中，确实需要考量公职律师管理机构设置的层级问题。无论从我国的试点经验来看，还是从域外制度的角度做比较研究，对公职律师的管理都不宜设置过多的层级。美国管理公设辩护人的组织仅建构在联邦和州（县）两个层次上③，既节约了管理的成本，又提高了管理的效率，并且较容易在一定范围内统一管理标准。

（四）各地公职律师队伍规模

在公职律师制度的实施中，对公职律师的数量有两种设定模式：一种是对单独占用编制的专职公职律师的数量设定限制；另一种是对在行政机关、事业单位、人民团体工作的岗位公职律师的数量不设定具体限制，符合基本条件即可获得公职律师资格。各地、各单位具体采取哪一种公职律师数量设定模式，与公职律师所在机关、组织、社团系统的管理模式有直接关系。在过往十余年公职律师制度的试点中，因公职律师队伍建设还处于起步阶段，各地都大力鼓

---

① 谭祥平、蒋泓：《公职律师服务政府法治建设探析》，载《中国司法》2015 年第 2 期，第 43 页。

② 吴羽：《比较法视域中的公设辩护人制度研究——兼论我国公设辩护人制度的建构》，载《东方法学》2014 年第 1 期，第 142 页。

③ 吴羽：《美国公设辩护人制度运作机制研究》，载《北方法学》2014 年第 5 期，第 105 页。

励各单位选拔符合条件的工作人员兼任公职律师，因此大多并未在制度上做出数量方面的限制。

在垂直管理的国税、海关、工会等机关和组织中，公职律师的数量由中央部委或其省级机构设定，这种设定最大的优势在于充分考虑了领域或行业的特点和法律服务需求的特征。如四川省总工会在工会系统公职律师的数量方面明确规定："到 2016 年底，全省县级以上地方、产业工会具有法律职业资格（律师）的人员不少于 30 名，并都要为其办理公职律师资质。市（州）总工会原则上都要配有一名公职律师；经济较发达、职工（农民工）人数较多的县（市、区）总工会也要采取有效措施力争配备公职律师。"四川省工会系统对公职律师的数量采取的是设置总量目标的方式。在公职律师制度实施初期，这种数量设置方式对各地区之间、各行业之间动态调节法律服务资源的分配是十分有利的，同时也为公职律师制度的进一步探索和完善留出了充足的空间。

在具体考量各地区各类党政机关、事业单位、社会团体、公职律师事务所中公职律师数量设置的合理性时要注意做好三个区分：第一，要区分具有公职律师资格并从事法律事务和虽然具有公职律师资格但并未实际处理法律事务公职律师的数量。第二，要区分专职公职律师和岗位公职律师的数量，因为这两类公职律师在具体工作中要承担的与法律有关的工作量或属于公职律师岗位职责范围的工作量是有较大差别的，即在考虑公职律师岗位设置数量的合理性时，要着重考察设置公职律师岗位的单位或组织法律事务的总量和公职律师人均承担的工作量。第三，要区分不同单位、组织和机构对法律服务实际需求的类型和数量。客观地说，在调研中做出以上区分的难度确实比较大，加上公职律师的工作内容较为复杂，工作范围也相当广泛，目前为止尚未出现科学考核公职律师的具体方法。但在考量公职律师队伍的规模和公职律师岗位的分布时，在尚未建立系统、全面、科学的公职律师工作考核制度的情况下，必须充分考虑公职律师制度和公职律师岗位工作人员在现实工作中发挥的作用，将实效性作为考虑公职律师岗位设置的类型、数量的首要因素，通过调整公职律师在不同领域、不同单位的数量来实现我国体制内法律服务资源的科学、合理配置。

（五）公职律师的权利义务范畴

1. 公职律师的权利

在各地公职律师制度的试点中，通过规范明确了公职律师享有六个方面的权利：其一，在处理法律事务过程中依法享有调查取证、查阅案件材料等权利；其二，加入律师协会，享有律师协会会员的相关权利；其三，参加律师等级或职称评定；其四，担任公职律师期间年度考核合格的，工作经历计入律师执业年限；其五，公职律师在辞职、退休后符合社会律师执业条件，申请律师执业证的，可不经实习，直接转换成社会律师，按换发证件程序进行；其六，法律、法规和规章规定的其他律师享有的执业权利。

2. 公职律师的义务

公职律师主要有六个方面的义务：第一，接受所在单位的管理，接受司法行政机关的资质管理，接受司法行政机关、律师协会的业务指导、监督、继续教育培训；第二，接受司法行政机关和律师协会指派或自己主动参加公益法律服务，每年不少于一定时数；第三，不得从事有偿法律服务，不得在律师事务所和法律服务所兼职；第四，不得以律师身份办理本单位、本系统以外的诉讼与非诉讼案件；第五，履行律师协会会员义务；第六，法律、法规设定的其他义务和所在单位安排的其他相关工作。

（六）公职律师管理制度的主要内容

公职律师管理制度主要包含以下内容：其一，公职律师的遴选。在公职律师事务所执业的专职公职律师通过公务员选拔程序遴选，岗位公职律师由其所在单位将符合条件的人选上报司法行政机关获得公职律师资格。其二，公职律师的注册。公职律师的注册和律师证的颁发由省级司法行政机关统筹管理。其三，公职律师的考核。公职律师的考核分为两个部分：一部分是其所在公职律师事务所或单位对其的考核，另一部分是公职律师管理机构对其的考核。其四，公职律师的培训。公职律师的培训分为集中培训和专项培训，前者面向所有公职律师，后者针对不同工作性质、在不同系统工作的公职律师。其五，公职律师的惩戒。公职律师的惩戒可由律师协会和人事部门共同协商，依照其违规行为的性质确定惩戒的方式。其六，公职律师与社会律师的转换。其七，公职律师的退出。对于不符合公职律师任职条件或已不承担公职律师岗位职责的人员，应及时注销其公职律师资格。

三、公职律师制度试点运行中的问题及其成因分析

（一）公职律师职责定位存在的问题及其成因

第一，公职律师职责定位与其他机构或人员重叠的问题。公职律师职责当中的合法合规性审查、参加行政复议等都与政府法制办公室、政府法律顾问的职责有所重叠，在公职律师制度的试点中，理顺以上机构职责的划分，并非作为公职律师管理者的司法行政机关或公职律师事务所单方面可以完成的工作，需要更高层面权力机关的规划与协调。这种协调既涉及编制、财政等关系的协调，也涉及宏观层面政府系统结构的调整。

第二，公职律师职责定位中并未普遍地涉及法律援助等社会公益性法律服务。我国目前划定的公职律师职责范围是将法律援助工作排除在外的，但考虑到公职律师工作的公益属性和法律援助工作本身公益特性之间的契合性，也为了达到丰富法律援助律师来源、提高法律援助工作的目的，同时秉承应该像管理社会律师一样管理公职律师的基本原则，确实应该在公职律师的职责中加入承办一定数量的法律援助案件。这样做一方面可以丰富和完善我国法律援助服务体系的构成，使我国的法律援助"从社会律师主导的一元模式到公职律师与社会律师多元并存的格局"[1]；另一方面可以统一社会律师和公职律师在承办法律援助案件方面的管理标准，更有利于公职律师融入律师群体。在调研中，由于公职律师岗位的保障和薪酬都由政府财政支出，绝大部分公职律师都认为自己就是政府律师，但实际上公职律师这一界定既可能包含政府律师，也可能包含社会公益律师。在公职律师相应制度的建设中，可通过进一步明晰对专职公职律师和岗位公职律师的界定，厘清相关问题。

第三，公职律师并未针对性地解决所有政府机关对法律服务的实际需求问题。受制于公职律师目前的选拔体制和较为有限的职级、薪酬等待遇，公职律师队伍的选拔范围还比较小，且不能够对法律专业人才形成足够的吸引力。政府机构、事业单位、人民团体可以通过两种方式满足自身的法律服务需求：一种是对法律人才的内部培养，另一种是吸引外部法律人才的加入。但由于政府

---

① 谢佑平、吴羽：《刑事法律援助与公设辩护人制度的建构——以新〈刑事诉讼法〉第34条、第267条为中心》，载《清华法学》2012年第3期，第38页。

法律事务的独特属性，行政系统无论是通过内部选拔，还是通过从外部购买法律服务，都很难满足自身的法律服务需求。即使同为行政机关、事业单位或人民团体，因为管理社会生活的领域等方面的不同，其所涉法律事务的性质也有很大差别，公职律师所经受的相关实践、专业培训等都略显不足，导致其对复杂法律问题的应对还缺乏相关知识积累和实践经验。

第四，公职律师群体"一人两岗"现象导致工作压力过大，工作质量难以得到保证。公职律师一份薪酬两份工作是各地公职律师制度试点中普遍存在的现象。这一现象主要引发了两个方面的问题：一方面，公职律师承担更多的工作而未得到更多的薪酬，缺乏有效激励；另一方面，公职律师长期既承担行政机关和事业单位所在岗位的工作，又承担公职律师的相应职责，尤其在依法行政全面实施后，承担的合法性、合规性审查等工作的工作量增长幅度较大，同时，行政诉讼受案范围法律制度改革后，代表行政机关、事业单位应诉的工作量也逐渐增加，公职律师很难较好地兼顾两个岗位的工作。

第五，公职律师的双重身份可能引发的职业伦理冲突。公职律师身负律师和公务员双重身份：一种身份是可以自由执业的法律专业人士，另一种身份是领取国家薪酬的国家公务员[1]。以律师为代表的自由执业的法律专业人士最主要的职业品格之一是独立，其发表专业法律意见是独立于所在机构或组织的；而国家公务员最重要的职业伦理则是忠实和服从，公务员对其所在机构或组织发出的命令，在绝大多数情况下应该是绝对服从的。公职律师所要遵守的律师职业伦理与公务员职业伦理在某些场域或个案中会有冲突。

第六，信访工作中公职律师的作用尚未得到充分发挥。信访工作目前呈现的特征之一就是过往接待信访较多的国家机关主要是司法机关、执法机关，但随着经济活动在社会生活中核心地位的逐步确认，经济管理机关如银保监会、证监会等接待信访的数量在上升。这些信访案件涉及的问题专业性强、复杂性高，而相应单位接待和处理信访事项的专业知识和方法积累并不充分，公职律师应在处理信访案件中发挥重要作用，但由于岗位设置、职责范围等原因，公职律师参与接待和解决信访案件的常态化机制尚未确立。

（二）公职律师权利义务设定存在的问题及其成因

其一，公职律师的权利和义务是通过文件而非法律设定的。从司法部

---

[1] 吴羽：《台湾地区公设辩护人制度述评》，载《河北法学》2013年第5期，第113页。

2002 年下发公职律师制度试点文件到现在，无论是国家立法还是地方立法，都没有把公职律师的权利和义务变成明确的条文。而且《律师法》第十一条有明确的规定：公务员不得兼任执业律师。这就导致中央层面对公职律师试点的鼓励和法律对公务员兼任律师的禁止是同时存在的。各地区、各系统公职律师制度试点中，对公职律师职责的设定还存在较大差异，这也导致公职律师职责设定方面的模糊和混乱。

其二，公职律师办案中事务性工作自主决定的空间十分有限。公职律师在具体处理法律事件或代理诉讼案件中所依照的是国家公务员的行为模式，而不是律师的行为模式。但实际上，国家公务员和律师的行为所应受的规范和限制是有较大差异的。目前，公职律师还必须遵守公务员的职业规范和行为准则，这部分限制了公职律师的专业行为。尤其是在事务性工作，如工作时间、地点、交通方式等方面，公职律师自主决定的空间较小，这限制了公职律师在工作上的发挥。

（三）公职律师管理中存在的问题及其成因

公职律师管理中存在的问题主要有四个方面：首先，公职律师选拔标准尚处于创建阶段，有待针对不同岗位、不同系统、不同单位进一步做好选任标准的分类和细化工作。其次，公职律师职业转换的常态化机制尚未建立，尤其是公职律师转任法官、检察官、立法工作者的机制尚未建立，未能形成法律职业发展方面的激励。再次，公职律师专业技术职称的评定制度尚未建立，在无法获得行政职级晋升的情况下，无法对公职律师的工作质效进行科学、客观的评价。最后，公职律师的惩戒和退出机制需要进一步完善。为了防止公职律师队伍中占岗不干活的情况，应在科学、客观地评价公职律师工作质效的前提下，建立公职律师工作不称职或不再从事相应工作后的惩戒和退出制度和机制。

（四）公职律师保障机制中存在的问题及其成因

第一，公职律师办案经费保障方面存在的问题。在调研中，代表各类机关、组织应诉的公职律师在职业保障方面反映最多的问题是办案经费的管理体制不符合律师办案经费支出的一般规律，办案实际成本与办案补贴不匹配，无法实现办案费用的实报实销等。出现这种问题，最主要的原因是公职律师公务员身份导致办案费用报销受到限制。公职律师制度产生的法理基础之一就是为了矫正法律服务的过分商品化①，因此，公职律师提供的法律服务确实不必按照市场定价。但公职律师提供的法律服务同样有成本，而成本的负担者既有政府，也有公职律师本人。让公职律师承担过多的无法核算和报销的办案成本是极不合理的，这不仅会导致公职律师工作压力的增加，还有可能导致公职律师为了节约成本而降低办案质量。另外，受公务员身份的限制，公职律师代理案件是公务行为，不能收取任何费用，因此，无论其处理了多少案件、案件如何复杂，也无论其为了办案跑了多少次、跑了多远，都没有任何额外的办案补助或津贴。公职律师在代理案件中难以体现个人智识的价值，也难以得到物质方面的激励。在部分地区，虽然公职律师处理诉讼案件可以按案件的数量获得办案补贴，但显然案件的数量并不能真实地反映法律职业人士的工作量；参照社会律师承办法律援助案件的补贴方式和金额给公职律师发补贴，显然补贴的范围和金额都十分有限。即使有些地区提出发放疑难复杂案件办案补贴，但实践中并未明确界定疑难案件的范围或认定标准，此条规定本身缺乏可行性。

第二，公职律师办案过程中交通保障方面存在的问题。中央八项规定出台后，所有行政机关、事业单位对公车的管理都非常严格，公职律师外出大多只能自行解决交通问题，选择自驾车辆或公共交通，但实际上公职律师办案中很多时候都因交通不畅导致办案的时间成本增加，甚至延误案件办理的时机。

第三，公职律师薪酬方面存在的问题。在公职律师制度试点地区中，绝大多数地区是通过授予党政机关、事业单位、社会团体中具备律师资格或法律职业资格的人员公职律师的身份来完成公职律师队伍的初步建设的。在这种公职律师选任模式下，公职律师只是以上人员在本职工作之外的一种兼职身份，并未实际上改变其工作内容和工作方式。即使这些人员因为职业精神和法治理想，在不增加收入的情况下愿意承担额外增加的公职律师岗位的工作任务，短时间内依靠职业理想和奉献精神，公职律师制度是可以运行的，但要想公职律师制度健康、有序、持续地运行下去，就必须建立起与工作量和服务效果挂钩的评价机制和薪酬制度。

第四，公职律师融入律师群体方面存在的问题，即公职律师在整个律师群体中的定位和融入问题。调研中，公职律师和公职律师所在的单位或组织普遍认为在公职律师公务员与律师的双重身份中，公务员身份是放在首位的，这种认识直接导致公职律师群体与社会律师队伍缺乏必要的沟通和交流。此外，部

---

① 吴羽：《比较法视域中的公设辩护人制度研究——兼论我国公设辩护人制度的建构》，载《东方法学》2014 年第 1 期，第 140 页。

分社会律师存在着公职律师可能与其争夺法律服务市场的错误认知，这就导致公职律师很难融入律师群体。具体表现在三个方面：第一，公职律师较少在律师协会担任职务；第二，公职律师较少参加律师的各类活动和培训等；第三，公职律师在自媒体等公众平台上较少发声与交流。

（五）公职律师制度试点工作中的其他问题及其成因

在公职律师制度的试点工作中，部分机关或组织，未能充分认识到公职律师的作用，公职律师的权利保障和职责承担在具体实践中被虚化。部分地区单纯追求公职律师队伍的规模，而对公职律师工作的实效关注不足。此外，部分地区对公职律师制度试点工作的重视程度不够，所制定的文件是对中央相关文件的简单效仿，缺乏基于地域情况的具体考虑，对公职律师功能的认识不够全面。既要重视公职律师制度的微观层面和中观视角下的作用，即公职律师通过合法合规审查、代表行政机关出庭应诉等为依法执政、依法行政、法治社会建设等做出的贡献，也要关注和宣扬公职律师在法治建设和法律职业共同体建设方面的宏观引导作用。公职律师是政府与社会公众之间的"隔离带"，公职律师的存在在一定程度上减少了行政机关与社会公众在纠纷解决中的直接正面接触，缓解了二者之间的矛盾。一方面，公职律师代理行政机关出面应诉或处理其他法律事务，其极强的专业性、一定程度的中立性都使得社会公众更容易接受其表述或意见；另一方面，公职律师会积极引导当事人更加理性地选择纠纷解决方式或主张自身权利的途径，对减少在纠纷解决和维权中的恶性冲突是有非常重要的作用的。此外，对于公职律师制度的实施对法律职业的发展和法学教育的导向作用的重视还略显不足。

四、公职律师制度的改革与完善路径

公职律师制度试点工作已开展了十余年，试点地区基本都已探索出一套符合本地区法律服务市场状况和政府法律服务需求的公职律师管理模式。这些模式各具特色和优势，都有可取之处，因此公职律师制度的顶层设计中规定不宜过细，应将进一步探索的空间留给具体的地方实践。具体来说，中国特色公职律师制度改革与完善的路径主要有以下几个：

首先，通过构建完善的政府法律服务体系，明确公职律师的职责和权利义务。将公职律师的职责范围划定在政府所需法律服务的范畴内，不涉密但涉及公共利益的非政府法律事务，应尽量通过政府购买法律服务的方式解决。对政府法律服务体系的内容进行全面、系统的分类，按照事务性质的不同，将其分为公职律师事务、社会律师事务、法制办事务、政府法律顾问事务，并在此基础上对公职律师的权利义务予以明确，建立相应的权利保障与实现机制和公职律师责任制度。通过公职律师实现政府法律服务体系的完善，使公职律师成为政府实施行政行为中法律风险预防和法律问题解决最重要的设置。

其次，通过建立统一的公职律师管理体制，实现对政府内公职律师资源的合理配置与动态调整。建立科学、专业、规范的公职律师选任标准和程序：一方面，使体制内符合条件的人员成为公职律师，发挥专业化的作用；另一方面，建立专门从体制外符合条件的人员中选任公职律师的渠道，实现体制内法律人才的体制外培养和体制内使用。全面实施公职律师的省级统管，负责辖域内公职律师的选任、考核和惩戒，按照公职律师所在单位和岗位对政府法律服务的实际需求，打破国家公务员流动的各类障碍，实现公职律师资源的按需配置。公职律师的统一管理体制主体部分包含两部分：一部分是将公职律师完全纳入对社会律师的管理之中，由市州一级司法行政机关统一管理辖域内的公职律师，在市一级律师协会设立政府法律事务专委会。将公职律师纳入原有律师管理体制，一方面可以实现对律师队伍的统一管理，另一方面通过统一管理增进不同类型律师之间的沟通和交流。另一部分是将公职律师作为体制内最重要的法律资源进行管理，在市一级设立公职律师管理办公室，实现体制内对公职律师的管理和调整。以上司法行政管理体系与政府公职律师管理机构相互配合，司法行政机关负责资格管理，政府公职律师管理机构负责岗位管理。此外，地方可根据自身情况决定是否设立公职律师事务所。公职律师事务所的主要职责是为没有公职律师的政府机构提供法律服务。

再次，通过设定公职律师专业职务序列，实现对专职律师的保障和激励。一方面，通过公职律师专业职务序列实现对公职律师执业行为的专业化、专门化评价，并设置相应的职务序列等级保障机制；另一方面，通过专业职务序列的晋升而非行政职级的晋升激励公职律师不断提升专业能力和工作质效。

最后，通过实施律师分类管理构建我国法律服务市场的基本秩序和良好环境，在符合职业转换的法律标准和伦理原则的前提下，通过建立不同类型律师之间的转换和流动渠道，实现法治人才资源的有效配置，增强律师群体的凝聚力，提升律师管理的水平和质量。

后　记

　　在刚刚从事学术研究工作的时候，作为一个有些自负的人，总是渴望能写出一本属于自己的书，但真的有机会时，却发现自己真正满意的文字并不多，甚至可以说没有。"有人说，知识分子的天职是保持独立的人格，做社会的良心和监督者，而现实中知识分子为了个人的利益，大都投靠于政治集团或者商业集团，对既定的社会秩序丧失了判断的锋芒。"① 我只有依照以上论述将标准降低，出一本基于自己意愿的书。

　　我小小的书斋中有一副出自老舍先生的对联："付出九牛二虎力；不作七拼八凑文。"这一直是我对自己的告诫。但客观地说，以此标准衡量自己的学术论文，会有一种很失望和惭愧的情绪产生。数字化地描述从教六年的工作，40％的时间在备课上课，40％的时间在处理各类行政事务，只有余下可能不足20％的时间可以读书写文章，大多数文字确实是基于碎片化的思考拼拼凑凑完成的，自知这些文字还有许多提升的空间，但却因为种种原因而耽搁和放弃了。

　　这几年感觉自己最大的变化就是越来越喜欢有理想的人，但越来越不喜欢有想法的人，因为想法会束缚人、会驱使人。想法这东西，如果大多数为私利则容易利欲熏心，如果大多数为公益也容易夸夸其谈。这些年看了几个想法很多的同辈，大则"指点江山"、批评高等教育，小则不满学校考核制度，全都

---

　　① ［英］保罗·约翰逊：《知识分子》，杨正润等译，台海出版社 2017 年版，译序第 2 页。

是"高屋建瓴"的大想法、大举措，但最终难免曲高和寡、高开低走。所以我越来越想做好自己手头的事，写好一段文字，表达一个酝酿已久的想法，或是带好一个学生，上好一门课。生命真的匆匆，匆忙得也许都无法给人留出时间去追逐些什么，希望能做好我身边的人生命中的过客，对得起我们的每次擦肩。

本书中有三篇文章是与其他师友共同完成的，这些合作者都是十分宝贵的学术路上的同行者：四川大学法学院马静华教授（《中国司法改革的微观考察——以人民法庭为中心》）、四川师范大学法学院苏镜祥副教授（《挑战与应对：网络舆情对司法公信力的影响》）、四川大学法学院荣露同学（《多维视角下法官的多重角色设定》）。

这本书中的部分章节曾以论文的形式发表并被转载转摘，感谢对文章修改提出建议的评审专家和编辑老师，他们是：时任《四川大学法律评论》主编的陈长宁博士、周奥杰博士、孔德王博士，《内蒙古师范大学学报（哲学社会科学版）》的李英芬老师，《兰州大学学报（社会科学版）》的寇甲老师，《法制史评论》的刘楷悦博士，《长春大学学报（社会科学版）》的沈宏梅老师，《经济与社会发展》的周青老师，人大复印报刊资料《法学文摘》的刘明昭老师，《中国社会科学文摘》的刘鹏老师。

感谢这段旅途中帮助我、值得我珍视的人，他们是：我的导师顾培东教授，本书中很多内容的研究都得益于与他的讨论；四川大学法学院李平教授、刘昕杰教授、王竹教授、王有粮老师、李冰逆老师、杨小风老师、邵燕老师、邓娟老师、陈测老师、许文红老师；安徽财经大学法学院纵博教授；广西大学韦永睿博士；兰州大学法学院申伟教授；四川省司法厅杨春洪、周奥杰；我的助教陆悦同学、明晨同学，他们不仅协助我完成了每学期 2～3 门课程的教学工作，还帮我查找了写作本书时所需的部分文献资料。因为有你们，我不惧生命中的任何考验。

红尘炼心，自己时常迷失在稍显繁忙的工作之中，有时也会莫名地生出许多比较之心，但静下心来，如此心胸狭隘，看到的天空也便只有一线而已，而如果能够放下眼前，徐徐登至山顶，那得到的可能就是一片豁然之境。这几年越来越意识到应该把精力花在那些让人有激情、有热情的事上，这种想法让我开始远离一些人和事。倒不是自己有多高尚和冷峻，是我已经开始懂得生命有限，我应该把时间用于更加热爱的人和事上。时至今日，我仍然坚定地认为自己不希望做那种枯坐温暖的书斋之中闭门造车式的学者，也不希望工于心计地铺陈自己的发展道路。做一点实事，培养几个视野开阔的学生，结交几位可以交心的学友，这些才是为学做人的一点点原则。

最后，做科研的几年，最大的感受就是这个行当决定成功的因素中，勤奋是首要的，因此，将一句石川啄木的诗送给自己："一个老师告诉我，曾有人恃着自己有才能，耽误了前程。"①

李　鑫

2022 年 1 月初稿于长沙

2022 年 8 月定稿于成都

---

　　① ［日］石川啄木：《事物的味道，我尝得太早了：石川啄木诗歌集》，周作人译，上海人民出版社 2016 年版，第 55 页。